中华友善故事

韦爱萍　主　编

韦爱萍　编　著
孔　明　点　评

陕西新华出版传媒集团
陕西人民美术出版社

图书在版编目（CIP）数据

　　中华友善故事 / 韦爱萍主编；韦爱萍编著；孔明
点评. — 西安：陕西人民美术出版社，2018.1（2021.9
重印）

　　ISBN 978-7-5368-3447-7

　　Ⅰ．①中… Ⅱ．①韦… ②孔… Ⅲ．①品德教育－中
国－青少年读物 Ⅳ．①D432.62

中国版本图书馆CIP数据核字(2017)第300540号

策　　　划：雷　波
责任编辑：高立民　　白　　雪
封面设计：高　　雅

ZHONGHUA YOUSHAN GUSHI

中华友善故事

韦爱萍　主编　韦爱萍　编著　孔明　点评

出版发行	陕西新华出版传媒集团 陕西人民美术出版社
地　　址	陕西省西安市雁塔区曲江街道登高路1388号
邮　　编	710061
网　　址	http://www.mscbs.cn
经　　销	新华书店
印　　刷	北京一鑫印务有限责任公司
规　　格	889mm×1194mm　　32开
印　　张	5
字　　数	71千字
版　　次	2018年1月第1版　　2021年9月第5次印刷
印　　数	29001–39000
书　　号	ISBN 978-7-5368-3447-7
定　　价	32.00元

前言

　　社会主义核心价值观不是无源之水、无本之木，它的形成与中华优秀传统文化有着千丝万缕的联系，特别是它倡导的爱国、敬业、诚信、友善的公民基本道德规范，更是中华优秀文化的精华，是中国人千百年来一直崇尚并践行的道德准则。中华优秀传统文化中的经典故事，教育着一代又一代的中国人。我们今天的年轻人，也应从这些经典故事中获取教益，成为社会主义核心价值观的践行者。

　　"百善孝为先""厚德载物""二人同心，其利断金""与人方便，自己方便"。如果人们都能以友善的态度去处理日常生活中各种各样的问题，我们的生活就会充满阳光。如果你想做一个愉快的人，让自己的身边都充满欢乐，那就用一颗友善的心去对待他人。

　　本书收集了数十个有关孝顺、善良、友情的中国古代历史人物故事，每篇故事后都附有作家孔明的精彩点评。这些故事告诉我们，应该以包容宽阔的胸怀、彬彬有礼的风度、因善而衍生的孝顺等美德来经营人生。由于我们能力和水平有限，难免有不当及谬误之处，敬请大家给予批评和指正。

目录

1

中华
友善
故事

虞舜孝顺感动天

　　远古时代，在有虞氏部落里，有一个平民之子叫舜。他的父亲瞽叟，性情十分暴躁，母亲则十分贤淑。舜在母亲的照料下，幼年过得非常幸福。但后来母亲得了重病，不久便离开人世。

　　母亲去世后，父亲的性情变得更坏。后来父亲娶了继母，生下了弟弟象。

　　糊涂的父亲对继母宠爱有加，而继母是一个心胸狭隘的人，她常在父亲面前说舜的坏话，使舜常被父亲责打。继母和象害怕舜将来会分去大半家业，因此常常想把他除掉。舜对弟弟很友爱，只是设法避免祸害，却毫不怨恨。他还承担了全家的劳作。舜的孝行感动了上天，以至他耕种的时候，有大象出来协助，有鸟帮他锄

1

草。

　　二十岁时，舜的孝行传遍千里，地方官吏将他推荐给尧帝。尧帝非常赞赏舜的为人，便把两个女儿娥皇、女英嫁给他。舜成亲后，要求妻子孝敬公婆，尽媳妇之道；关照弟弟，尽嫂嫂的本分，不以高贵出身而破坏家庭的规矩。

　　舜在历山耕作，后来去雷泽钓鱼，在河边造陶器，他的品德在众人中产生很大感召力，人们都愿意亲近他。他住的地方本来很偏僻，但一年后就变成村落，两年后成了小城，三年后变成了都城。

　　舜三十岁的时候，尧帝就开始寻找自己的接班人，后来向四岳（四时之官）打听，四岳一齐推荐了舜。

　　于是，尧帝决定对舜进行深入地考察。他命令九个儿子和舜一起工作，观察其为人。舜对尧帝的九个儿子要求严格，一点儿也不迁就，促使他们形成为人敦厚谨慎，做事心存敬畏的态度。

　　于是，尧帝很赏识舜，奖赏他华美的衣服、一张名贵的琴、一群牛羊，又为他修建了粮仓。

　　舜的父亲、继母和弟弟象看到后，非常妒忌舜的家产，一心想暗害他，并欲占为己有。父亲叫舜去清理粮仓那高高的上盖，然后暗中纵火，要烧死他。幸亏娥皇、女英知道他们的阴谋，预先给舜准备了竹笠。在火势近身的时候，舜一手一个竹笠，像长着翅膀的鸟一样，乘风飞跃而下，逃离了险境。

　　一计不成，父亲、继母与弟弟象气急败坏，他们又想出一招，让舜去挖井，然后打算推下泥土活埋他。三个人准备得手之后瓜分舜的财产，象要舜的两个妻子，而牛羊、衣物、粮仓归父亲及继母。幸亏在两个妻子的安排下，舜预先在井旁凿开一洞，下井后即藏身在那里，在沙泥、土块砸下来之时，舜便从旁边的斜洞中出去了。舜明知父亲、继母和象合谋害他，但仍然和过去一样，孝敬父母，友爱弟弟，并没有一丝埋怨。

　　尧帝经过对舜长时间的考察，又分派工作让舜去做，终于认定舜的品德确实好。他治理的地方父有义，母有慈，子女孝顺，兄长爱护弟妹，弟妹恭敬兄长，远近的部族都对其异常尊敬，尧帝便将帝位传给了他。这就是历史上的"尧舜禅让"。

舜成为部落联盟首领之后，乘车看望自己的父亲，依然尽儿子应尽的孝心。舜在帝位三十九年，在去南方巡视工作时，逝世于苍梧之野，埋葬在江南九嶷山，后世称作零陵。

◇孔明点评◇

自古道：百善孝为先。仅以孝而言，虞舜算得天下第一孝子。他的孝其实很难，常人做不到。他父亲瞽叟、继母和他的继生兄弟都视他如眼中钉，肉中刺，刻刻不忘整他、害他。他却不以为意，不予计较，可谓仁至义尽而犹不记其恶，该怎么样还怎么样，甚至死里逃生，仍痴心依旧，怪不得他被尊为圣贤了。虞舜之孝意义有三：其一，孝是子事父母，不问父母之善恶；其二，行孝不易，必须百忍而不屈不挠；其三，以德报怨，不生嫉恨，不记仇恶。据此看来，虞舜之孝，是个高标，其昭示后人：孝近似于义务，是无条件报答，不计算得失。这样的孝是否可行？有无现实意义？即使仁者见仁，智者见智，恐怕也不能否认：孝做到虞舜那样，效仿或者不必，尊敬却是毋庸置疑的。

庄公悔悟，亲情回归

　　《左传》记载，公元前722年，在郑国内部发生了一件骨肉相残的事件，即哥哥庄公在鄢地打败了弟弟段。

　　当初，郑国国君郑武公娶了申国国君的女儿武姜为妻。武姜生下了大儿子庄公和小儿子段。因为她在生庄公时难产，受了惊吓，所以给庄公取名叫"寤生"，并因此讨厌庄公。武姜特别喜爱段，想立他为太子，多次向武公请求，武公都没有答应。

　　等到庄公当上了郑国国君，武姜先请求把制地作为段的封邑。庄公说："制地是个险要的城邑，从前虢叔就死在那里。弟弟去那里，不吉祥。如果要别的地方，我都答应。"

城建超规

过了几天，武姜又请求将京邑作为段的封邑。庄公同意段住在那里，称他为"京城太叔"。

段仗着母亲的支持，建造的城墙不合法度。庄公深知自己继位母亲大为不悦，对姜氏与段企图夺权的阴谋也清清楚楚，但他不动声色。段在京邑的反常举动引起了人们的议论。

大夫祭仲对庄公建议说："都邑的城墙过了百雉，是国家的祸害。如今京邑的城墙超过了它本应有的限度，不合先王的规定，你将来要控制不住的。"庄公回答说："母亲要这么做，我怎能避开这祸害呢？"祭仲说道："姜氏哪有满足的时候！不如早些处置太叔，不让他的势力蔓延。如果蔓延开来，就难对付了。蔓延开的野草都除不掉，更何况是您受宠的兄弟呢？"庄公说："多行不义必自毙，我们暂且等等看吧。"

占据边城

　　不久，段要求西边和北边的边疆城邑也归他管辖。公子吕对庄公说："一个国家不能容纳两个君王，您打算怎么办？如果您想把国家交给太叔，就请允许我去侍奉他；如果不给，就请除掉他，不要使百姓产生二心。"庄公说："用不着，他会自食其果。"

　　后来，段又把双方共管的边邑收归自己，一直把邑地扩大到了廪延。公子吕对庄公说："可以动手了。他占多了地方就会得到百姓拥护。"庄公说："做事不仁义就不会有人亲近，地方再大也会崩溃。"

贪心致祸

　　段又修造城池，训练士兵，修整铠甲和武器，准备好了步兵和战车，将要偷袭郑国国都。武姜打算打开城门为段做内应。

　　庄公得知了段偷袭的日期，说："可以动手了！"

于是，他命令公子吕率领二百乘战车去攻打京邑。京邑百姓背叛了段，段逃到了鄢地，庄公又攻打鄢。最后，段逃奔去了共国，史称共叔段。

于是庄公把武姜安置到城颍，并向她发誓说："不到地下黄泉，永远不再见面。" 人死了被葬于地下，才见到黄泉之水。郑庄公的话对母亲没有一点客气。事后，他又后悔了。

考叔劝和

当时，颍考叔是颍谷管理疆界的官员，他听说了这件事，就送了一些当地特产给庄公。

庄公请他吃饭，他却把肉放在一旁不吃。庄公很奇怪，问他为什么这样。颍考叔回答说："我家中有母亲，我的饭食她都吃过，就是从未吃过君王送的肉羹，请允许我拿去送给她。"

庄公羡慕地说："你有母亲可以送东西给她，唯独我没有！"颍考叔说："我冒昧问一下这话是什么意

思？"庄公把事情的缘由告诉了他，并说自己很后悔。颍考叔说："君王何必担忧呢？如果掘地见水，打成地道去见面，谁能说这不是黄泉相见？"

庄公听从了颍考叔的话，照着做了。庄公进入地道，赋诗说："隧道当中，心中快乐融和！"武姜走出隧道，赋诗说："隧道之外，心中快乐舒畅！"从此，他们母子关系大为改善。

◇孔明点评◇

郑庄公克段于鄢，这个故事很著名，却也很容易被误读。郑庄公与弟弟共叔段不是简单地争夺地盘、骨肉相残，追根究底，始作俑者应该是他们的母亲武姜。按照传统的嫡长子制度，庄公为太子本无争议，偏偏他的母亲武姜无中生有，无事生非，因一己好恶，唆使丈夫郑武公废长立幼，虽然未能得逞，却宠爱共叔段有加，也放纵有加，由着共叔段任性胡为，结果导致兄弟失和，武力相见。共叔段战败后逃到当时的共国，她自己也被安置于城颍，等同囚禁。所幸郑庄公还是明白人，念及亲情，没有一意孤行，而是从善如流，迎回了母亲。至此，起码母子亲情得以善终。亲情战胜仇恨，这才是值

得大书特书的，至于兄弟之争，乃在另一个层面，可以
忽略不计。

管鲍之交，贵在相知

　　春秋时期，齐国有一对非常要好的朋友，一个叫管仲，另外一个叫鲍叔牙。

　　管仲少时丧父，老母在堂，生活贫苦，不得不过早地挑起家庭重担。鲍叔牙知道了，就找管仲一起投资做生意。做生意的时候，因为管仲没有钱，所以本钱都是鲍叔牙拿出来的。可是，当赚了钱以后，管仲拿的却比鲍叔牙还多。鲍叔牙的仆人看了就说："这个管仲真奇怪，本钱比我们主人少，分钱的时候却拿得比我们主人还多！"鲍叔牙却对仆人说："不可以这么说！管仲家里穷，又要奉养母亲，多拿一点没有关系。"

　　管仲和鲍叔牙一起去打仗，每当进攻的时候，管仲

11

都躲在后面。大家就骂管仲说："管仲是一个贪生怕死的人！"鲍叔牙马上替管仲说话："你们误会管仲了，他不是怕死，他珍惜生命为的是照顾老母亲呀！"管仲听到之后说："生我的是父母，了解我的人是鲍叔牙呀！"

后来，齐国的国君死了，大公子诸儿当上了国君，每天吃喝玩乐，不理朝事。鲍叔牙预感齐国一定会发生内乱，就带着公子小白逃到莒国，管仲则带着公子纠逃到鲁国。

不久，齐国真的发生了内乱，国君诸儿被人杀死。管仲想杀掉小白，让纠能顺利当上国君。可射箭时把箭射偏了，而小白佯装身死，使得管仲以为杀死了小白，便掉以轻心，不紧不慢地返回齐国。而小白与鲍叔牙却快马加鞭，先于管仲他们赶回齐国。小白当上了齐国的国君，这就是历史上著名的齐桓公。小白当上国君以后，决定封鲍叔牙为宰相，鲍叔牙却对小白说："管仲各方面都比我强，应该请他来当宰相才对呀！"小白一听："管仲要杀我，他是我的仇人，你居然叫我请他来

当宰相！"鲍叔牙却说："这不能怪他，他是为了帮公子纠才这么做的呀！"小白听了鲍叔牙的话，请管仲回来当宰相，而管仲也真的帮齐桓公九合诸侯，成为春秋五霸之首。

让人费解的是，管仲在任命重臣大员时，从来没有提携过鲍叔牙。鲍叔牙在齐国的政坛上似乎不太得意。更令人匪夷所思的是，管仲在临死前，再三嘱咐齐桓公不能让鲍叔牙继承相位。

其实，管仲是对的，他这辈子能报答鲍叔牙的，就是不让鲍叔牙继承相位。因为他深知，只要他一死，齐桓公的盛世就会结束，而鲍叔牙也会随之死于非命。

果然，管仲死后的第二年，齐桓公也死了。他的五个儿子开始争夺王位，相互攻杀。齐桓公的尸体在床上躺了六十七天，蛆虫遍体也无人过问。而鲍叔牙则幸免于难，全身而退，逍遥事外。

这就是深刻意义上的"管鲍之交"，是管仲和鲍叔牙之间的友情，既回肠荡气，又透骨入髓。司马迁在《史记·管仲列传》中记载他们的故事。后来，大家在称赞朋友之间有很好的友谊时，就会说他们是"管鲍之交"。

◇孔明点评◇

　　管鲍之交，几乎可以说是千古绝唱，像他们那样的相知，可以说人生难求。首先，鲍叔牙才不及管仲，却知人、识人、容人，这是管鲍之交的前提；其次，鲍叔牙有自知之明，处处谦让管仲是因为知道自己不如管仲，他不因为自己推荐管仲有功而自恃，更不借机索取回报；再次，鲍叔牙有公心，处处袒护管仲，不仅是为了朋友，更是为了齐国。过心的交情，不过如此。可以说，私心太重，不可能像管鲍那样相知而成至交！

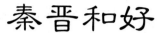

秦晋和好

秦救晋旱

《史记·秦本纪》记载，晋国大旱，派使者来秦国请求援助粮食。

丕豹劝说秦穆公不要给，要秦穆公趁着晋国歉收、国内饥荒，去攻打它。

秦穆公问公孙支，公孙支说："荒歉与丰收是交替出现的事，不能不给。"秦穆公问百里奚，百里奚说："晋君得罪了您，他的百姓有什么罪？"

穆公采纳百里奚、公孙支的意见，最后还是给了晋国粮食。水路用船，陆路用车，给晋国运去粮食，从雍都出发，源源不断地运到绛城。

秦荒晋伐

公元前646年，秦国发生饥荒，请求晋国援助粮食。晋君就此事征求群臣的意见。虢射说："趁着秦国闹饥荒去攻打它，可以大获成功。"晋君听从了他的意见。

公元前645年，晋国发动军队攻打秦国。

秦穆公也发兵，让丕豹率领大军，亲自前往迎击。九日，与晋君夷吾在韩地交战。晋君夷吾甩下自己的部队独自往前冲，跟秦军争夺财物。回来的时候，驾车的战马陷到泥潭里。秦穆公与部下便纵马驱车追赶，结果不但没能抓到晋君夷吾，反而被晋军包围了。晋军攻击秦穆公，秦穆公受了伤。

这时，曾在岐山下偷吃秦穆公良马的三百多个乡下人，不顾危险驱马冲入晋军。晋军的包围被冲开，不但使秦穆公得以脱险，而且活捉了晋君夷吾。

于是秦穆公带着晋君夷吾回到秦国，向全国发布命令："人人斋戒独宿，我将用晋君祭祀上帝。"周天子听说此事，便派使臣替晋君求情，说："晋君是我的同

姓。"夷吾的姐姐是秦穆公的夫人。她听到这件事，就穿上丧服，光着脚，说："我不能挽救自己的兄弟，还要让君上下命令杀他，实在有辱于君上。"秦穆公说："我俘获了晋君夷吾，以为是成就了一件大事，可是现在天子来求情，夫人也为此事而忧愁。"于是秦穆公便跟晋君夷吾订立盟约，答应让他回国，并给他换了上等的房舍住宿，送给他牛、羊、猪各七头，以诸侯之礼相待。十一月，穆公派人送晋君夷吾回国。夷吾献出晋国河西的土地，派太子圉（yǔ）到秦国做人质。秦国把同宗的女儿嫁给圉。秦晋终于言和，而这时候，秦国的地盘向东已经扩展到黄河边。

穆公亡马　乡人报恩

当初，秦穆公丢失了一匹良马，岐山下的三百多个乡下人一块儿把它抓来吃掉了。官吏捕捉到他们，要加以法办。秦穆公说："君子不能因为牲畜的缘故而伤害人。我听说，吃了良马肉，如果不喝酒，会伤人。"于是就赐酒给他们喝，并赦免了他们。这三百人听说秦国要对战晋国，都要求跟着去。在作战时，他们发现秦穆公被晋军包围，都高举兵器，争先死战，以报答吃马肉被赦免的恩德。

◇**孔明点评**◇

春秋时期，秦晋两国连畔种地，两国君主互通婚姻。秦晋之好，便由此而来。秦穆公娶了晋君夷吾的姐姐为妻，论起来晋君是大舅哥。饶是如此，秦晋之间仍存罅隙。晋国大旱，向秦求助，秦穆公采纳了百里奚、公孙支的意见，没有落井下石，而是施以援手；秦国饥荒，晋君夷吾却听从了臣子虢射的建议，趁火打劫，侵略秦国。结果，晋君偷鸡不成蚀把米，被秦俘虏。为了活命，不得不把河西的土地割让给了秦，使秦晋隔黄河而望。同样是国君，秦晋高下立判。得道者多助，秦国由弱而强，与秦穆公之开明、友善不无关系。而得民心者得天下，秦穆公能成为一代雄主，应该得益于他的亲民思想。即使两国交恶，也不罪及彼国百姓，这是何等的胸襟和胆略！

子罕为邻居着想

　　《左传》记载，士尹池是楚国的大夫，楚王派他到宋国去，宋国司城（主管建筑工程，制造车服器械，监督手工业奴隶）子罕在家里宴请他。

　　士尹池到子罕家，发现了一个奇怪的现象：子罕家南边邻居的墙，向前突出了，子罕却没让人拆了它，与自家的墙体取直；西边邻居家的积水，流过子罕的院子，子罕却不加制止。

　　士尹池询问子罕："这是为什么？"子罕说："南边邻居是工匠，是做鞋的。我要让他搬家，他的父亲说：'我家靠做鞋谋生已经三代了，现在如果搬家，那么宋国那些要买鞋的，就不知道我的住处了，我将不能谋生。希望您怜悯我。'因为这个缘故，我没有让他搬家。西边邻居家院子地势高，我家院子地势低，积水流过我家院子很便利，所以没有加以制止。"

士尹池回到楚国，楚王正要发兵攻打宋国，士尹池劝阻楚王说："不可攻打宋国。它的君主贤明，它的国相仁慈。贤明的人就能得民心，仁慈的人能让别人为他出力。楚国去攻打它，大概不会成功，而且还要为天下的人耻笑吧！"

孔子听到这事以后说："在朝廷上修养自己的品德，却能制敌于千里之外，这大概说的就是司城子罕吧！"

子罕不受玉

宋国有个人得到了一块美玉，把它献给子罕。子罕不肯接受。

献玉的人说："我拿它给加工玉石的匠人看了，玉匠认为它是珍宝，所以才敢献给您。"子罕说："我把不贪财作为珍宝，你把玉作为珍宝；如果给我，我们都

会丧失了珍宝，还不如各人持有自己的珍宝。"

献玉的人跪拜于地，告诉子罕说："小人带着璧玉，不能安全地走过乡里。把玉石送给您，我就能在回家的路上免遭杀身之祸。"

于是，子罕把献玉人安置在自己的住处，请一位玉工替他把玉石雕琢成宝玉，等他富有后让他返回了家乡。

◇孔明点评◇

身为宋国司城，子罕不仅仅是与邻为善，而且能设身处地替邻居着想；对邻居而言，他不仅是高邻，而且是善邻了。对邻居有利的，他能成全；对自家不利的，他能忍让，做到这两点，真可谓仁至义尽了。子罕的德行，使得楚使士尹池劝阻楚君不要攻打宋国，这是因为楚使由子罕的德行窥视到宋国的众志成城了。这个故事堪与清代流传在今安徽省桐城市的"六尺巷"相媲美。读这样的故事，不知道当代的一些人、一些官员能生惭愧否？或者能引为镜鉴否？

浇瓜之惠

梁国有一位叫宋就的大夫，曾经做过一个边境县的县令，这个县和楚国边界相邻。当时，梁国、楚国相邻的边亭四周都种瓜，梁亭人勤劳努力，常常灌溉他们的瓜田，所以瓜长得很好；楚亭人懒惰，很少去浇灌他们的瓜田，所以瓜长得不好。

楚国县令因为梁国的瓜好，斥责楚亭人没有把瓜种好。楚亭人嫉恨梁亭人瓜种得比自己好，于是夜晚偷偷去扯断梁亭人的瓜藤，故此，梁国的瓜总有枯死的。

梁亭人发现了这件事，就想偷偷前去报复，向县令宋就请示。宋就说："这怎么行呢？结下仇怨，便是惹祸的根苗呀。人家使坏你也跟着使坏，怎么心胸狭隘得这样厉害！要是让我教给你办法，一定在每晚都派人过

去，偷偷地为楚亭人浇灌瓜园，不要让他们知道。"

于是梁亭人就天天在夜间悄悄地去浇灌楚亭人的瓜园。楚亭人早晨去瓜园巡视，发现都已经浇过水了，瓜也一天比一天长得好。楚亭人感到奇怪，就注意查看，才知道是梁亭人干的。

楚国县令听说这件事后很惊讶，于是把这件事详细地报告给楚王。楚王听了之后，又忧愁又惭愧，把这事当成自己的心病。于是告诉主管官吏说："调查一下那些到人家瓜田里捣乱的人，他们莫非还有其他罪过吗？这是梁国人在暗中责备我们呀！"于是楚王拿出丰厚的礼物，向宋就表示歉意，并请求与梁王结交。

楚王时常称赞梁王，认为他能守信用。所以说，梁楚两国的友好关系，是从宋就开始的。

成语"浇瓜之惠"即出于此。

◇**孔明点评**◇

两国交恶，常常是因为小事引发。试想，宋就如果同意瓜农以牙还牙呢？俗话说："种瓜得瓜，种豆得豆。"宋就的与人为善，就是撒播和平的种子，终使两国主君握手言和，从而惠及两国百姓，避免了由摩擦而可能导致战争的灾祸。边界一如邻居，小事能明察秋毫，则大事就不会走样。国家多些宋就，百姓就多些安宁。

魏绛以德 "和戎"

　　魏绛，即魏庄子，春秋时晋国卿相。魏绛受到重用后，忠于国事，全力辅佐悼公。这时，发生了"和戎"事件。

　　戎是当时居于中原地区的华夏族人对散居于西北广大地区的游牧族人的统称。他们虽较分散，但却非常强悍，给中原各国带来了很多麻烦。西周王朝就是被其中的一支灭掉的。进入春秋时期，戎与晋国的关系时好时坏，这在民族融合过程中也是难以避免的。但刀剑和弓箭毕竟不是解决问题的好办法，所以，贤明之人都主张用和平手段来使彼此相安无事。这种人，晋国有，戎族也有。

　　晋悼公在位时，由戎族的一支所建立的无终国的国君嘉父，曾派使臣来晋通好。这对晋国来说，确实是一个保持周边地区安宁，以巩固发展自己的大好机会。但悼公开始时却认为戎狄不讲亲情而且贪婪，想以打促和。魏绛根据晋国当时国内外的形势，明确指出对戎动武在政治上和道义上必然产生不良后果，提出了"和戎五利"之说：一、戎族逐水草而居，贵货易土，而我则重农耕，重土易货，若两族和好，则我可卖货于彼，同时又可从他们那里买回土地，这样互通有无，对双方都有好处。二、两族和好，边境一带即可免除战祸，老百姓即可安安生生地种地，发展生产，改善生活。三、两族和好，必使四邻震动，"诸侯咸服"。四、两族和好，双方也可"师徒不勤，甲兵不顿"，避免生命财产的无谓损失。五、鉴于后羿代夏自立后不能与周边各族和睦相处而被寒浞（zhuó）所灭的历史教训，晋国一定要采取"以德绥戎"的方针，只有这样，才能使"远至迩安"。

经过魏绛这一番有理有据的陈说，悼公终被说服，并欣然派魏绛为使，前去"和戎"。此后，两国和睦相

处，亲如兄弟。

◇**孔明点评**◇

　　放在当时具体的历史背景下，魏绛"和戎"之策，既闪烁着真知灼见，又比较务实理性，客观上也积极可行。但一个国家唯有魏绛这样务实的政治家是不够的，还必须有贤明的君主耳聪目明，能听得进去忠言。仅此而言，历史就该为晋悼公写上一笔。由魏绛之"和戎"说可知，中国历史上对周边少数民族的友善怀柔政策由来已久。但"和戎"有一个前提，国家必须有实力兜底，不然，好心就会被当成了"驴肝肺"。

闵子骞情感继母

闵子骞，名损，字子骞，孔子弟子。在孔门中，德行与颜回并称，为七十二贤弟子之一。

闵子骞的母亲很早就去世了，父亲带他和弟弟生活。后来，父亲又娶了继母，继母也生了两个儿子。自此，继母疼爱亲生儿子，对闵子骞兄弟却不尽心，可是闵子骞对继母始终很尊敬。

有一年冬天，天气特别寒冷，继母拿出四件新棉袄给弟兄四人穿上。继母的儿子在屋外高兴地玩着，而闵子骞却冻得发抖。

这天，闵子骞赶着车跟父亲外出干活，天上下起了大雪，寒风刺骨，闵子骞冷得直打哆嗦，两只手都冻僵了，马缰绳也掉到了地上。父亲跳下车，拾起缰绳，自

己赶起车来。

　　走了不远，闵子骞冻得有点坐不住了，一阵寒风吹过来，闵子骞摇晃着栽下马车。父亲忙过来扶起闵子骞，只觉得他两手冰冷。父亲问："孩子，你怎么这么冷啊，你不是穿着新棉衣吗？"闵子骞说："父亲，我就是冷啊，冷得受不了啦！"父亲拉起闵子骞的棉衣，觉得它很薄。他从衣缝中看去，原来里面装的是芦花，这下明白新棉衣不暖和的原因了。"孩子，你受委屈了！"父亲将闵子骞搂进怀里，掉转车头，驾车往家奔去。

　　一回到家，父亲唤出继母和两个小儿子。他摸了摸两个小儿子的棉衣，又厚又暖和。父亲生气地对继母说："我娶你是为了照顾好我们的每一个孩子，可是你却如此偏心，竟然虐待我前妻的孩子，你走吧！"闵子骞见父亲要休掉继母，忙向父亲恩请留下继母："娘在家，只我一个人受冻，如果娘离开家了，我们兄弟四人都要受冻了。"继母听了此话，很是感动，惭愧地低下了头，并且表示以后再也不偏心了。父亲见继母有悔改之意，也就原谅了她。从此，继母对待闵子骞就像对亲

29

生儿子一样，一家人和睦相处，十分幸福。

◇孔明点评◇

这个故事应该是可信的。现实生活中后母虐待继子的事屡见不鲜，但如闵子骞那样克己而宽容后母的继子却不多。其实人性的深处有善也有恶，关键是如何激活善而抑制恶。闵子骞的可贵、可敬之处在于从大处着眼，与人为善。善意若能被释放得及时，被发挥得恰到好处，则感化人心是可能的。当然，这也有前提，后母一定不能是恶母。善如火，能融化冰，却融化不了顽石。

楚惠王宽谅厨师

　　楚惠王有一次在吃凉酸菜时，发现有水蛭，于是就把水蛭吞食了，之后腹部得病不能吃东西。

　　令尹问楚惠王是如何得此病的。楚惠王回答说："我吃凉酸菜发现有水蛭，如果责备厨师，那厨师和管膳食的人都会被处死，我心有不忍；而不治他们的罪，这是破坏法令，也使自己的威严难以建立起来。我害怕左右的人看见，于是就吞食了。"

　　令尹离开自己的座位，两次叩拜，并说："我听说天道是没有亲疏的，只帮助有德行的人。君王具有仁德，靠上天的帮助，相信病患不会给您的身体造成伤害。"

　　当天晚上，楚惠王去厕所方便时，排出了水蛭，同时患有多年的心腹积块的病也痊愈了。

◇孔明点评◇

楚惠王对厨师宽仁而施恩，这是肯定的，但却折射出了一个问题，不容回避，那就是法律条文太苛刻，太岂有此理。吃出水蛭，厨师就要被处死，那谁还敢给国君做饭呀！由此可见，法律不是儿戏，必须合情合理，才会行之有效；不法外施恩，法律才有威严。这个故事还给后人一个启示：执掌权柄者必须德才兼备，才不会执法失度，才能及时察觉法律缺陷，才能机智处置而不错杀、滥杀、枉杀一人。现代立法者、执法者，应当引以为鉴。

汉文帝孝行如春雨

　　西汉时期的汉文帝刘恒，是汉高祖刘邦的第四个儿子，从小就奉行孝道。刘恒被封为代王时，生母薄太后跟随他住在一起。刘恒与母亲感情深厚，尽心地侍奉母亲，尽力让她感到快乐和满足。然而薄太后身体虚弱，常患病，连续三年都卧病在床。三年里，刘恒日夜守护在母亲的床前。每次看到母亲睡了之后，才趴在母亲床边睡一会儿。刘恒天天亲自为母亲煎药，每次煎完，自己总要先尝一尝，看看汤药苦不苦、烫不烫，自己觉得差不多了，才给母亲喝。

　　刘恒孝顺母亲的事，在朝野广为流传，人们都称赞他是一个仁孝之子。汉文帝的仁义和孝顺感动了天下人，加上他治国有方，国家一派兴旺景象，与后来的汉景帝一起开创了"文景之治"的繁荣时代。

"文景之治",是历史上有名的治世,从文帝来看,可以说做到了"爱敬尽于事亲,而德教加于百姓,刑于四海",并将对亲人的孝、爱、敬,延伸到对百姓的"爱亲者,不敢恶于人""敬亲者,不敢慢于人"。自己成为一个榜样,也教育了百官与百姓。

◇孔明点评◇

百善孝为先!常闻人心不古,我就常想古人心是怎样的。汉文帝是古人,更是古代的皇帝。我忽然明白,所谓古人心不外乎就是像汉文帝那样的心——无论何时,也不放弃伺候母亲的责任和义务。连续三年为卧病在床的母亲煎药、尝药,与其说这是孝,毋宁说这是爱。父母爱儿女是具体的,譬如喂奶、擦屁股、换洗尿布;儿女爱父母也应该是具体的,譬如像汉文帝那样为母亲煎药、尝药。尽孝趁早。皇帝能做到,何况区区我辈?别再用工作忙、事业心搪塞父母,为自己的不孝找借口了。

缇萦救父

　　《史记·孝文本纪》记载，公元前167年，临淄地区有个小姑娘名叫淳于缇萦。她的父亲淳于意，本来是个读书人，因为喜欢医学，经常给人治病，出了名。后来他做了太仓令，但他不愿意跟做官的来往，也不会拍上司的马屁。没有多久，他便辞了职，当起医生来。

　　有一次，有个大商人的妻子生了病，请淳于意医治。那病人吃了药，不但没见好转，过了几天反而死了。大商人仗势向官府告了淳于意一状，说是他错治了病。当地的官吏判他"肉刑"（当时的肉刑有脸上刺字、割去鼻子、砍去左足或右足等），并要把他押解到长安去受刑。

　　淳于意有五个女儿，没有儿子。他被押解长安要离开家的时候，望着女儿们叹气，说："唉，可惜我没有男孩，遇到急难，一个有用的人也没有。"

几个女儿都低着头伤心流泪，只有最小的女儿缇萦又是悲伤，又是气愤。她想："为什么女儿就没有用呢？"

她提出要陪父亲一起去长安，家里人再三劝阻也没有用。

缇萦到了长安，托人写了一份文书，上书皇帝，到宫门口递给守门的人。

汉文帝接到文书，知道上书的是个小姑娘，倒很重视。

文书上写着："我叫缇萦，是太仓令淳于意的小女儿。我父亲做官的时候，齐地的人都说他是个清官。这回他犯了罪，被判处肉刑。我不但为父亲难过，也为所有受肉刑的人伤心。一个人砍去脚就成了残废；割去了鼻子，不能再安上去，以后就是想改过自新，也没有办法了。我情愿给官府做奴婢，替父亲赎罪，好让他有个改过自新的机会。"

汉文帝看了信，十分同情这个小姑娘，又觉得她说得有道理，就召集大臣们说："犯了罪该受罚，这是没有话说的。可是受了罚，也该让他可以重新做人才是。现在惩办一个犯人，在他脸上刺字或者毁坏他的肢体，这样的刑罚怎么能劝人为善呢？你们商量一个代替肉刑的办法吧！"

大臣们一商议，拟定了一个办法——把肉刑改用打板子。原来判砍去脚的，改为打五百板子；原来判割鼻子的，改为打三百板子。于是汉文帝正式下令废除肉刑。这样，缇萦就救了她的父亲。

多么孝顺、勇敢的缇萦啊！古时候的女孩子不要说给皇帝上书，就是随意出门也是要被议论的呀！为了救自己的父亲，缇萦把生死都置之度外了，真让人敬佩！

◇**孔明点评**◇

缇萦是孝女，更是奇女，孝心还在其次，胆识真不让须眉。没有胆，她不敢陪父亲到长安受刑去；没有胆，她不敢直奔官门口去投送文书。然而，光有胆也不行，还得有识见。没有识见，她不会托人写文书，更不会想出那样的方式把文书呈给皇上。她文书中的见解也在常人之上，很容易打动人心。当然，她很幸运，遇到了一代明君汉文帝。若是遇到昏君，莫说救父，恐怕连她本人也得搭了进去。这个故事不但让人回肠荡气，而且让人回味不已。作为儿女，当然要有孝心、爱心，但唯有孝心、爱心是不够的，智慧和胆识会使人的孝心、爱心释放出的正能量最大化。

龚遂抚民安民

汉宣帝刚刚即位的时候，渤海郡一带发生饥荒。饥民闹事，原先的盗匪乘机占山为王，挟制饥民，威胁官府。州郡之官疲于应付，事态越来越严重。

汉宣帝忧心忡忡，着急挑选有才之人前去治理。正苦于无人可派之时，丞相推荐前昌邑王的郎中令龚遂担任渤海太守。

行前，汉宣帝召见龚遂。龚遂这时已经七十多岁了，身材矮小，汉宣帝一见，有些失望。他问龚遂："渤海一带时局紊乱，很不安宁，朕很是关心。卿将用什么办法平息骚乱，让朕安心呢？"

龚遂听出皇上对自己不十分信任，于是答道："渤海远郡，没有受到皇上圣恩。那里的百姓饥寒所迫，而官吏从不体恤百姓的苦处，故使陛下的赤子不得不犯上作乱。陛下派臣去，是想让臣去剿灭他们，还是想让臣去安抚他们？"

汉宣帝一听，顿感精神一爽，认为龚遂说话能切中要害：从长治久安考虑，当然是安抚为上策。汉宣帝便对龚遂说："希望你去后，选用贤良，朕本来是说要安抚他们的呀！"

龚遂从容地说："臣听说治乱民如治乱蝇，不能操之过急，必须慢慢地来，然后才会有效果。臣有一个请求，就是臣上任后，一切由臣随机行事，丞相、御史不能以烦苛法令约束臣。"汉宣帝答应了他。

前任太守知道新太守上任，调动了军队来迎接，龚遂立即打发他们回府，并在途中传令属县，解散官府的保安部队，捕盗之吏全部罢退回乡。还行文州县，凡拿锄头镰刀在田间耕作的，一律视为良民，加以保护；只有拿了兵器，横行乡里的，才当盗贼来办。百姓听到这些政令，纷纷归田，少数盗贼立刻变得孤立了。他们见大势已去，也纷纷放下兵器，拿起锄头镰刀，到田地里

耕作了。龚遂对他们并不深究，只要弃恶从善就好。这样，渤海郡的社会秩序便安定下来了。

龚遂身为朝廷官员，能为百姓着想，没有官威，有自己独到的治理方法。不是通过刑律和军队来镇压百姓，而是以友善、德政来教化百姓，使人人弃恶从善，社会逐渐安定。

◇孔明点评◇

民间出现骚乱，其中必有内因、外因，为政者不能只盯着导火线，那样只会把真相捂着、盖着，结果适得其反，酿致更大的祸端。龚遂出任渤海太守，未到渤海地界，已对那里的匪乱洞若观火，且有了消弭良策。他对汉宣帝的一番话可谓真知灼见，石破天惊。汉宣帝是明君，所以对他始则失望，继则厚望，结果呢，龚遂不负众望。为政者之道，安抚胜于高压，龚遂不啻为榜样。

梁鸿孟光举案齐眉

　　《后汉书》记载，梁鸿，字伯鸾，扶风平陵（今陕西咸阳西北）人。由于梁鸿的高尚品德，许多人想把女儿嫁给他，梁鸿多次谢绝人们的好意，就是不娶。

　　与他同县的一户孟姓人家有一个女儿，长得又黑又肥又丑，而且力气极大，能把石臼轻松举起来。每次家人为她择婆家，她就是不嫁，已经三十岁了，父母愁得不得了，问她为何不嫁？她说："我要嫁像梁伯鸾一样贤德的人。"

　　梁鸿听说后，就送去聘礼，准备娶她。孟家女高高兴兴地准备嫁妆。等到过门那天，她把自己打扮得漂漂亮亮的。

　　哪想到，婚后一连七日，梁鸿一言不发。孟家女就

来到梁鸿面前跪下，说："我早闻夫君贤名，立誓非您莫嫁；您也拒绝了许多家的提亲，最后选定了我为妻。可不知为什么，婚后，您默默无语，不知我犯了什么过失？"梁鸿答道："我一直希望自己的妻子，是一位能穿麻葛衣，并能与我一起隐居到深山老林中的人。而现在，你却穿着高贵的丝织品缝制的衣服，涂脂抹粉，梳妆打扮，这哪里是我理想中的妻子啊？"

孟家女听了，对梁鸿说："我这些日子的穿着打扮，只是想验证一下，您是否真是我理想中的贤士。我早就准备有劳作的服装与用品。"说完，便将头发卷成髻，穿上粗布衣，架起织机，动手织布。梁鸿一看，非常高兴，连忙走过去，对妻子说："这才是我梁鸿的妻子！"他为妻子取名为孟光，字德曜，意思是她的仁德如同光芒般闪耀。

后来他们一道去了霸陵（今西安市东南）山中，过起了隐居生活。在霸陵山深处，他们以耕织为业，或咏诗书，或弹琴自娱。

不久，梁鸿为躲避征召他入京的官吏，与妻子离开了霸陵，到了吴地（今江苏苏州古城皋桥）。梁鸿一家住在大族皋伯通家宅的廊下小屋中，靠给人舂米过活。每次归家时，孟光备好食物，低头不敢仰视，举起食案，与眉毛比齐，恭恭敬敬端给梁鸿。举案齐眉的故事，也成了梁鸿与孟光之间的一段爱情佳话。

◇孔明点评◇

物以类聚，人以群分，做夫妻也是如此。夫妻讲缘分，也讲选择，梁鸿孟光的彼此倾心就颇有意思，更耐人寻味。梁鸿是清醒的，他懂得甘于清贫的丑陋妻子必与他不离不弃；孟光是睿智的，她更懂得嫁给安贫乐道的贤良夫君才容易长相厮守。人生有得就有失，既然鱼和熊掌不可兼得，不如就取鱼而舍熊掌，乐得不被觊觎，还心安理得。梁鸿孟光的故事告诉后人：夫妻恩爱，需要生活的艺术，更需要生活的智慧。

缪彤自责感亲人

汉朝时候，有一个人姓缪，单名彤，字豫公。

缪彤在幼年的时候，父亲去世，留下兄弟四人相依为命。作为长兄，缪彤自然就承担起了照顾、抚养弟弟们的重担。兄弟四人住在一块儿，互相关爱。

后来，兄弟四人各自娶了妻子，同处一个屋檐下，而妯娌们往往心中各有所执，生活中难免会出现不和谐的音符。生活的磕碰，有时也会伤及感情；偶尔的口角，会使大家闹得不欢而散。于是兄弟之间各自打起了小算盘，打算分开单过。

缪彤看着这样的情景，想起兄弟们当年和睦的日子，不禁十分感慨："要是父母仍然在世，面对孩子们的不和，又会有多么的失望。"叹息之余，缪彤不由感到万分悲凉，十分自责。

　　一日，又听到两个弟媳因为一点琐事争执不休，缪彤感到羞愧难当，他想："全家今天这种不和之状，都是因为自己的错，是自己没做好，才导致矛盾重重。"为此，缪彤独自关锁门户，在屋中抽打自己，厉声自责道："缪彤啊缪彤，你天天都说要修身谨行，学习古圣先贤的教诲，以求齐整风俗，匡扶正气，可怎么连自己的家庭都不能管理好！你辜负了祖宗的谆谆教诲，实是不孝子孙啊！"说罢，缪彤便失声恸哭。

　　弟弟、弟媳们听到哭声聚拢过来，静静地守候在屋外。听到长兄的自责，大家惭愧地低下了头。

　　众人想起自己过去种种错误，忏悔的眼泪一时难以抑止。弟弟、弟媳们于是跪在门外，大家一同对屋中说："大哥，我们因纷争而忘了手足之情，对不起祖宗，对不起父亲的教诲，对不起您对我们的期望！我们真的好糊涂，请您把门打开，责罚我们吧！"

　　至诚忏悔的言语，深深地感动了缪彤。他想："没想到自我的谴责，会换来弟弟、弟媳们真心的忏悔。如

果家人都能反躬自省，今后家庭一定会重回和睦温馨的幸福日子，父母的在天之灵定会倍感欣慰。"

想到这里，缪彤便起身打开屋门。见到房门打开，弟弟、弟媳们便一同说："大哥，我们以后决不再提分家的事了，决不再做出让您伤心的事情了。无论怎样，我们都要和和气气住在一起。"说罢，弟弟们上前紧紧地拥住了缪彤。家人重归和睦的气氛，感染了在场的每一个人。

从此以后，缪家又恢复了往日的和乐气氛，家人们不再有隔阂，真正做到兄友弟恭，夫义妇顺，大家团结和睦地一起生活。

◇孔明点评◇

古人以大家庭为荣。缪彤自责，也算得是一种策略。弟弟、弟媳们闹着分家，他作为兄长既脱不开干系，又不能不担当责任，怎么办呢？最简单的办法就是分家就分家，各过各，今后谁也别怨谁。缪彤的与众不同在于深谙一个道理：为长者顾全大局，必然有榜样的力量鞭策左右；长者自责，更容易使左右心悦诚服。

廉范改姓换名报答知己

　　《后汉书·廉范传》记载：廉范，字叔度，是战国时期赵国名将廉颇之后，曾在陇西太守邓融部下任职。不久，邓融被检举，牵涉到州里一个案件中去。

　　廉范知道这件事复杂，难以解决，打算用变通的办法来帮助邓融，于是假托有病，请求离职。

　　邓融不了解他的用意，恨廉范忘恩负义，在自己正困难时离开。

　　廉范到了洛阳，改姓换名，请求代理廷尉、狱卒的工作。

　　没多久，邓融果然被捕关押在洛阳监狱。

　　这时，廉范得以守卫、侍候在他身边，尽心地照顾、护理他。

　　邓融觉得狱卒的相貌很像廉范，但绝没有想到他就是廉范，于是对他说："你怎么这样像我过去的一名部下？"

　　廉范斥责他说："您因为关押在这里，神志错乱了吧？"之后，邓融被保释出狱，贫病交加，廉范一直跟随在他身边照顾他。

　　邓融去世后，廉范送葬到南阳，后事办完后方才离去，最终也没说自己的真实姓名。

◇孔明点评◇

　　廉范是君子，更是智者，深明大义。邓融于他有知遇之恩，邓融吃官司，他既没有明哲保身而避嫌，更没有落井下石而投机，而是辞职后隐姓埋名，另谋差事以图报答，所以他是君子。对朋友，他既想报答，又不想违法，就想出了常人不能理解也意想不到的那种办法，既无碍于国法的公正，又能尽朋友之正道，两全其美，不怕被人误解，但求问心无愧，所以他是智者。像廉范这样的朋友，才称得上是真友、挚友、良友、诤友！

黄香为父温席

汉朝的时候，有一个叫黄香的人，是江夏（今湖北境内）人。

黄香小时候，家里非常贫穷，九岁时母亲便去世，又没有兄弟姐妹，只有他和父亲相依为命。

黄香除平时帮助父亲操持农活、料理家务外，还知道孝顺长辈的道理。每当炎炎夏日到来的时候，黄香就给父亲搭蚊帐，扇扇子，让枕头和席子清凉干爽，把咬人的小虫扇开，让父亲能休息好；到了寒冷的冬天，黄香就用自己的身体把父亲的被子焐暖和，让父亲睡得更好。

黄香的事迹慢慢传到了京城，人们奔走相告："天下无双，江夏黄香！"

关于黄香，还有一个美好的传说。

湖北省云梦县有一道鲜嫩可口、风味独特的美味佳肴——盘鳝。据说这道菜同黄香有着密不可分的关系。

一天，黄香从山上打柴回来，见路上有一条两三尺长的长虫快要渴死，就将它带回家，放进屋后的小河沟里。那长虫见了水后就活了过来，似乎感激地向黄香点了三个头，就钻进了河底。

不久，黄香的父亲突然患了一种面黄肌瘦、四肢无力的怪病，无论是请来远近闻名的郎中诊治，还是黄香自己的精心调理，父亲的病就是不见好转。黄香为此不思茶饭，人瘦了不少。一天晚上，长虫突然托梦给黄香说，它本是玉皇大帝身边的黄龙童子，因偷吃太上老君八卦炉里未炼到火候的仙丹，在天庭发疯，而被贬下凡间，变成无牙、无舌、无鳞的长虫，赐名鳝鱼，不得超生，因此它要多做善事。又说，那一日多蒙黄香及时相救，使它不致干渴而死，得以繁衍后代，他愿以儿孙的身体报答黄香的救命之恩。

黄香一听鳝鱼要以儿孙之躯相报，忙拒绝，但鳝鱼一定要报答他。

黄香梦醒之后，便来到屋后河沟边，果然见沟里有无数条笔杆般长短、粗细的鳝鱼，于是就用鱼篓装了一些回家。因为这些鳝鱼个体太小，剖不能剖，剁不能剁，黄香就将它们放进清水里养上一两天，让它们把肚子里的泥浆、杂质吐净后，再倒入开水锅里氽一下。这些小鳝鱼经过开水一氽，一条条地都缩成头朝里尾向外的圆盘形。黄香又将这些盘形鳝鱼放在锅里加上油、盐、葱、蒜、胡椒、酱油等作料煎熟后，再加少许水盖上锅盖焖一下，便端给父亲吃。说也奇怪，父亲连肉带骨头地吃了盘鳝后，病就完全好了！

◇**孔明点评**◇

黄香九岁丧母，与父亲相依为命，为父亲温席的故事应该可信。俗话说得好："穷人的孩子早当家！"父亲体弱多病，黄香虽然年幼，却懂得为子之道，这应该是孝道教化的结果。汉代以孝治天下，特别是汉文帝之后，由于皇帝以身垂范，举孝廉便可为官，孝自是蔚然成风，黄香应该自小就耳濡目染。黄香的故事释放了两

条信息，当然都是正能量：一个是教育很重要；一个是
必须重表彰。黄香之所以能名扬天下，人心向善只其一
面，更重要的应该离不开国家的正面倡导。

戴封义薄云天

　　《后汉书·戴封传》记载：戴封，字平仲，出身于
书香门第。十五岁的戴封因为学业优异，被选拔到京师
的太学深造，并投在东海郡人申君的门下就学。

　　申君是当朝有名的学者，官居博士，古朴方正，不
但学识渊博，而且尤其爱惜人才。他见戴封聪明好学，
资质非凡，便倾其所有，悉心教授。在申君的引导下，
戴封更加勤奋地阅读各种典籍，深入探索各种学问的奥
义。他不仅学业成绩特别优异，而且对老师敬重如父
亲，待同学亲密如兄弟，因此深得太学师生的喜爱。

　　天有不测风云，就在戴封学业日进的时候，老师申
君却突然病倒，不久便溘然长逝！申君膝下无子，他生
前的愿望是能够叶落归根，葬于祖坟。戴封深知"一日

为师，终身为父"的道理，他在老师遗体前守灵三天，然后毅然决定亲扶灵柩回东海安葬。

从京师洛阳到东海之滨有千里之遥，十七岁的戴封却一点儿也没有犹豫，他强忍着悲痛的心情，一路跋山涉水，克服千难万险，终于把恩师的灵柩送回故乡。

戴封风尘仆仆地返回洛阳，刚刚开始静心读书，不久，同学石敬平又不幸病故了。

石敬平比戴封只大一岁，平日和戴封意气相投，亲如兄弟。在远离家乡、举目无亲的京师，有谁能为他料理后事呢？戴封又毫不犹豫地承担了起来。他以学弟的身份操持石敬平的后事，从购买寿衣，到床前守灵；又把太学供应自己的口粮卖掉，为石敬平买了一口薄皮棺材，租了一辆牛车，亲自将灵柩送回石敬平的老家。

石敬平的家人得知儿子不幸去世，自然痛苦万分，他们另外买了一口较大的棺材重新装殓石敬平的遗体。他们打开戴封送来的棺材时，只见石敬平赴太学时带去的书籍衣物一件不少都在棺材里放着，就连他最后领的那份太学生口粮也换成了钱在棺材里放着。他们这才知道，石敬平病逝后所有开支都是这位姓戴的学弟承担的，不由得感动万分。他们说："我们是见到了古代的圣贤了吗？别说你们只是同学，就是亲兄弟也未必能做到这样啊！"

戴封为老师和同学处理后事的事，成为士林的佳话。闻者无不感叹："对待师友竟能如此披肝沥胆，大概只有圣人之乡的贤士才会有这样的高情厚谊吧！"

戴封赠缣

戴封在游学途中，只带了一个书童赶路。他把所有物品装进两个箱子，让书童用担子挑着。

中途见书童挑担吃力，戴封便从箱子中把七匹书写文章的薄绢取出，披在身上。外面罩上长衫，继续赶路。

没有想到，在经过一处土冈时，从土冈后面冲出一伙盗贼。这伙盗贼一个个穿着破烂，面有菜色，见戴封只有主仆二人，不由分说抢了箱子便走。

　　书童吓得面如土色。戴封说："我看这些贼人并非惯盗，应是穷极无奈，才出此下策。你不要害怕。这样吧，我们赶上去，把我身上这七匹薄绢一并送给他们。"书童说："他们抢了我们的东西，我们不去报官抓捕，他们就算侥幸万分了，怎么还能再送东西给他们呢？！"戴封说："我自有道理，你听我的就是。"

　　他们赶了没有多远，就看见那伙盗贼正在树林里打开箱子，大概是想分配财物。那些人见戴封主仆二人赶来，一个个面露惊慌之色。

　　戴封说道："各位好汉不必惊慌。我料各位家中一定贫困至极，是为保全老小性命才做这种打劫勾当的。我来并无恶意，这里还有七匹薄绢，可以换点粮米，就一并送给各位，回家让老婆孩子吃顿饱饭吧！"

　　那伙盗贼做梦也想不到竟有这等好事，一时面面相觑，不知说什么才好。后来，一个年龄稍大的人，带头向戴封跪下了，其他几个人也齐刷刷地跪在地下。他们哭着说："原来您是这样一位大贤人啊！我们有眼无珠，竟然抢了您的东西，真是罪该万死。您不仅不把我们当成坏人，还要再送我们东西，我们再不醒悟，还是人吗？您把您的东西都拿回去吧。我们就是饿死也不会再做这种伤天害理的事了！"

最后，几经推让，戴封只取回了自己的书籍文具，其余的东西都送给了他们。

◇孔明点评◇

戴封所做的两件事，都可歌可泣。无论是老师，还是同窗，都已作古，为他们治丧不吝钱财，送他们灵柩回归桑梓不辞辛苦，他所图者何？解释恐怕只有一个字最贴切，那就是"义"了。说戴封义薄云天，还真名副其实。"义"字当头，戴封做人、当官当然都异于常人。遇老师、学长病故，戴封不是撇清关系，而是勇于承担；遇有盗贼，戴封不是愤怒，而是怜悯。为官者，倘能以戴封为楷模，老百姓不拥戴才怪呢！

郭林宗款待开除生

　　《后汉书》记载：左原，陈留人，在郡内做学生
时，因违反规矩被除名。

　　著名学者、太学生领袖郭泰（字林宗，今山西介休
人），在路上碰到他，看他难受的样子，就摆酒菜宽慰
他。

　　郭林宗对左原说："从前颜涿聚是梁甫的大盗，
段干木是晋国的马贩子，后来成为齐国的忠臣、魏国的
著名贤士。蘧瑗、颜回品德多么高尚，但也不能超过他
们，何况其他人呢？你千万不要因此怀恨，好好检查自
己，努力想办法改正自己的错误就是了。"以此劝左原
学习圣贤，改其前非。

　　有人指责郭林宗不和恶人断绝来往，他回答说：

"一个人如果不好的话，大家对他过分憎恶，便会促使他作乱。"

后来，左原忽然又心怀愤恨，要结伙去报复其他学生。那天，郭林宗正好在学校。左原看到郭林宗，突然感觉自己违背了以前的承诺，辜负了郭林宗的好意，对不起郭林宗，于是黯然离去。

◇孔明点评◇

郭林宗是东汉末期著名的学者、教育家，也是当时的太学生领袖，社会地位应该比当今的北大校长要高。学生左原犯了错误被开除，他非但没有嫌弃，反而款待他，这样的"校长"，古代不会很多，当代中国恐怕也难遇到。我揣度郭林宗这样做，更主要的是一种态度，当然不排除善意。孔子主张有教无类，这个"类"包括善恶。教化之道，应该使人弃恶从善，左原就算有错，怎么能轻易开除呢？"不教而诛"是教育之大忌。作为太学生之长，郭林宗未必认同开除学生的理由，却无力阻挡；或者他是做了开除自己学生决定之后又心怀不安吧？他对左原说的一席话，不但语重心长，而且发人深思啊！由此看来，郭林宗才算得是真正的教育家嘛！

王烈感化盗牛人

《后汉书·王烈传》记载：王烈，字彦方，太原人。青年时曾在陈寔门下学习，因品德高尚著称乡里。

一次，有个盗牛的被牛主人抓住，盗犯向牛主人认罪，说："判刑杀头我都心甘情愿，只求不要让王彦方知道这件事。"王烈听说后派人去看望他，还送给他半匹布。

有人问这是为什么？王烈说："盗牛人怕我知道他的过错，说明他有羞耻之心。他已经心怀羞耻，一定能够改正错误，我这样做正是为了鼓励他改过。"

后来有个老汉在路上丢了一把剑，一个过路人见到后就守候剑旁。直到傍晚，老汉才回来寻剑。得到了遗失的剑，便询问他的姓名，并将这件事告诉了王烈。王烈派人查访守剑人是谁，原来就是那个盗牛的人。

乡里百姓，凡有争讼曲直的事件，都去请求王烈排难解纷，判定是非。由于王烈的言传身教，有的人要打官司，走到半途，忽然愿意放弃争执，双方和解而返；有的人望见王烈的屋舍，就感到惭愧，彼此相让而返。

◇孔明点评◇

王烈算得是一个奇人，从他对盗牛人的态度证明他首先是智者。智者之智，在于不就事论事，能透过现象看本质。一个愚蠢的人，一定不会像王烈那样对待盗牛人。他可能慷慨陈词，甚至做疾恶如仇状，遂令多少失足人被不教而诛。

"宽厚长者"刘宽

　　《后汉书》记载：东汉华阴人刘宽，为人有德量，涵养深厚。

　　有一次，刘宽乘牛车外出，遇见有人遗失牛，找上刘宽的牛车来辨认。刘宽默默不言，让对方把牛牵走，自己随即下车徒步回家。

　　过了一会儿，失牛人找到了自己丢失的牛，马上到刘宽家送还误牵的牛，并叩头谢罪说："我很羞惭，愧对长者，愿意任由长者处置。"

　　刘宽和颜悦色地说："世间相类似的物品太多了，你认错牛也毫不奇怪。你能把牛送回来，我还要谢谢你！"

　　乡邻们都佩服、称赞刘宽。

　　刘宽性情温良，从未发过脾气，即使在急迫匆忙时，也未曾见他容色严厉，言辞急迫。夫人也感到奇异，为了试探刘宽的度量，便心生一计，想激他愤怒。

　　有一次，正当刘宽要赴朝会，衣冠装束整齐时，夫人命侍婢端肉羹进入，故意翻倒，弄脏了刘宽的朝服。刘宽神色不变，仍然和蔼地关心侍婢说："肉羹是否烫伤了你的手？"

　　刘宽的宽宏雅量，竟然到此程度，海内闻风都尊称他为"宽厚长者"。

◇孔明点评◇

　　刘宽真是宽厚长者，君子风范。认牛的事若发生在常人身上，莫说把牛牵走，单以被羞辱为由，把对方揍一顿都有可能。丢牛人送牛上门，一般人也必是得理不饶人，岂能有出言感谢之语？常闻人心不古。咦，刘宽就是古人呀！在刘宽面前，今人能不自惭形秽吗？

兄弟情深，感动贼心

汉朝的时候，有个人叫姜肱。他有两个弟弟，一个叫仲海，一个叫季江，均以孝行闻名乡里。兄弟友爱，形影不离。兄弟天天在一起读书，下课后又一起温习功课、玩耍，还一起帮家里做家务事。晚上睡觉，又同盖一床大被，一时传为佳话，史称"姜肱大被"。姜肱博通五经，兼明《易》学，跟随他学习的读书人有三千多人。两个弟弟的名声与他差不多，皆不应朝廷征聘。

有一次，姜肱跟他的弟弟一同去京城，结果半夜路遇强盗。强盗嚣张地晃着明晃晃的匕首一步步逼近抱在一起的兄弟俩。

突然，哥哥推后弟弟，走上前一步说："我弟弟还小，我是做哥哥的，我可以去死，希望你们放我弟弟一

65

条生路。"

这时，后面的弟弟也走上前说："还是杀我吧！"兄弟二人争着让对方活着。盗贼被兄弟二人的手足情感动了，于是抢了一些财物便匆匆离开。

故事出自《后汉书·姜肱传》。汉代"独尊儒术"以后，儒家的道德标准成为最高准则。东汉尤其重"孝"，因为臣忠与子孝是统一的，从孝道得出为臣之道，所以在东汉时代，"孝"成了显身扬名的重要途径。姜肱出身世家名族，为了维护家族的地位与名声，他很重孝道。其母早死，继母十分严厉，但他与两个弟弟对继母仍尽孝道，尤其是兄弟之间友爱备至，传为佳话。

◇**孔明点评**◇

俗话说："生死关头方显出英雄本色。"其实生死关头，也方显出兄弟真情。面对强盗匕首，兄弟之所以抱在一起，肯定是因为怕。如果说他们天生不怕死，那既不真实，也不合人之常情和常理。关键在于即便怕死，也要把生留给对方，把死留给自己，这便显出兄弟

间的真情无价了。强盗也是人，人心是肉长的，只要人性一息尚存，天良不但不会沉沦而泯灭，而且会被激活而上升为理性。正因为如此吧，强盗才只选择了劫财，而放了他们一条生路。客观而言，这兄弟俩不仅仅死里逃生，而且阻止了强盗没有滑向杀人越货的罪恶深渊。

司马徽让猪

中华
友善
故事

　　东汉时的司马徽，人称"水镜先生"。北方战乱，他寓居襄阳，与襄阳大名士庞德公、黄承彦以及流寓到襄阳的徐庶、崔州平、石广元、孟公威、诸葛亮等均有交往，关系甚密。他是一位善于识拔贤才的有名学者。

　　有一次，邻居走失了一头猪，因为司马徽家的猪和他走失的猪相似，就误认为是他家的。司马徽并不争辩，说："是你的你就拿去。"邻居便毫不客气地把猪赶回家。

　　过了几天，邻居从别处找到了自己的猪，惭愧地把误认的猪送还司马徽。司马徽不但没责备他，反而说邻里间发生这类误会并不奇怪，还赞扬他懂道理，知错能改。邻居听了十分感动。

后来，人们称司马徽为"水镜先生"，这也是人们对他清雅、纯明的个人品性的赞扬。

好好先生司马徽

《世说新语·言语篇》注释中记载有司马徽的趣事。

如果有人问司马徽某人某事的好坏，司马徽都会说"好"。他的妻子劝他说："人家有所疑，才问你，你哪能一概说好呢！你这样都说好，并不是别人问你的本意呀！" 司马徽说："像你这样说，也很好！"于是他有了"好好先生"之名。

其实，司马徽并不是不讲原则的人。刘备拜访他，问天下大事，他在推荐诸葛亮、庞统时，态度坚决，语气十分肯定。他说："儒生俗士，岂识时务？识时务者在乎俊杰。此间自有伏龙、凤雏。"刘备问是谁？他说："诸葛孔明、庞士元也。"

◇孔明点评◇

  司马徽让猪与刘宽让牛如出一辙，是不是后者学前者？我看未必！但即使一个学一个，也挺好，甚至可以说是人间佳话。凡事无独有偶，说明智者所见略同。刘宽是"宽厚长者"，司马徽是"水镜先生"，都是高人，所以在处世哲学上殊途同归。宽以待人，便能容人之过；洞明世事，便能透过现象看本质。至于说司马徽是"好好先生"，只能说他已臻于"难得糊涂"境界，反而值得我们尊敬。

蒋琬宽厚待人

三国时期蜀国的丞相诸葛亮去世之后，遗言蒋琬主持朝政。

蒋琬的属下有个叫杨戏的，性格孤僻，讷于言语。蒋琬与他说话，他也是只答不应。有人看不惯，在蒋琬面前说："杨戏这人对您如此怠慢，太不像话了！"蒋琬坦然一笑："人总有各自的脾气秉性。让杨戏当面说赞扬我的话，那可不是他的本性；让他当着众人的面说我的不是，他也觉得我没有面子。所以他只好默不作声了。其实这正是他的可贵之处。"

后来有人称赞蒋琬"宰相肚里能撑船"。

◇孔明点评◇

我倒以为蒋琬作为宰相不仅仅很有度量，更难能可贵的恐怕在于他还有眼光，能从常人所谓的缺点里找到常人不易察觉的优点。譬如他对部下杨戏的评价就独具慧眼。

王览争鸩救兄

晋朝时候，有个人名叫王览，待人非常友善。

王览有个同父异母的哥哥叫王祥。王览的母亲非常讨厌王祥，经常虐待他。

每当母亲打哥哥的时候，王览总是流着眼泪，一边护住哥哥，一边劝说母亲不要打人。在母亲虐待哥哥和嫂子的时候，王览和妻子也一定会赶去劝说母亲，为哥哥和嫂子解围。

后来，王祥通过自己的努力，在社会上渐渐地得到大家的夸赞。王览的母亲知道后，就更加忌恨王祥。

有一天，王览的母亲准备了一桌酒菜，要一家人聚餐。

饭桌上，王览的母亲假意举杯祝贺王祥。王祥不明就里，受宠若惊地举起眼前的酒杯，就要喝下。

就在这时，王览从母亲的眼神中，感觉到哥哥的酒有问题，就马上从哥哥手里抢过酒杯，并说："哥哥不能喝酒，我来代替吧！"

王览的母亲一看，吓了一跳，赶快从王览手中把鸩酒夺过来，扔在地上。

经过这件事后，王览的母亲也醒悟了，再也不做虐待王祥夫妻的事。

◇孔明点评◇

王览对哥哥的友善从何而来？肯定不是天生的。一般的情形是继母虐待继子，其亲生儿子也多半排斥同父异母的兄弟，这样的例子古今比比皆是。王览对兄长的保护离不开天性，更离不开周围环境的教化。我宁愿相信影响王览的因素可能有三：一是主流文化所倡导的孝悌之风的耳濡目染；二是学校老师的耳提面命；三是儒学经典的潜移默化。由此可见，国民教育真不可掉以轻心，更不可等闲视之。

庾衮侍兄不避瘟疫

晋朝时，有一个人姓庾，名衮。

那时候，正流行大瘟疫。庾衮的两个哥哥都因传染了瘟疫死了，另一个名叫庾毗的哥哥，病情也很严重。

疫情非常严重，庾衮的父亲、母亲和弟弟们，为了躲避瘟疫，都逃到外地去了。家里只剩下庾衮一个人，不肯离开。

庾衮的伯父、叔父们，也都劝他出去躲避。庾衮说："我的身体好，向来不怕病的。何况如果我也出去了，哥哥没人照料，怎么办？"最终没有离开家。

庾衮天天侍候生病的哥哥，日夜不睡。有时候，他还抚着死去的两个哥哥的灵柩，哀哀地哭。

就这样过了一百多天，瘟疫结束了，家里的人才陆续回来。

这时候，庚毗的病已经好了，庚衮也没有被传染。

◇孔明点评◇

赤子之心，并非人人拥有。即如庚衮侍候兄长不避瘟疫，既难能可贵，更发人深思。瘟疫是传染的，庚衮当然知道；被传染后，结果为何，庚衮也心知肚明。故此，他的选择不异于舍生忘死。庚衮不是不爱惜生命，更不是不知道生命的宝贵，而是高贵的人性本真使他不愿意放弃对兄长的敬爱与救助。尽管他那样做极有可能救不了兄长，还可能搭上自己性命，但他义无反顾。或许在他人眼里，庚衮愚不可及，但人性的灵光在他身上熠熠生辉。不比不知道，一比便知人性之优劣、人品之高下。庚衮之可爱、可敬，胜过二十四孝里所谓的一些孝子们！

庚亮不卖"的卢"马

东晋时有一个叫庚亮的人，家中养有一匹"的卢"马。

"的卢"马，额头上有一道白杠，一直延伸到嘴边。《相马经》上讲，"的卢"马不吉利，仆人乘它，会客死他乡；主人乘它，会被杀头。

于是，有人就劝庚亮卖掉"的卢"马免祸。庚亮说："我卖掉它，一定会有不懂的人买，那就会害了人家，怎么能做这样的事呢？"

◇孔明点评◇

孔子说："己所不欲，勿施于人。"话说得真好，也很在理上，但一般人做不到。若其不然，他老人家身后七八百年，庚亮不卖"的卢"马仍然算得是"新闻"，即使放到现在，也还觉得新鲜。君不见当今一些种菜的，不吃自家种的菜；酿酒的，不喝自家酿的酒；卖药的，不吃自己进的药。比比皆是的例子，让人长吁短叹之余，怎么能不咀嚼孔子的那句话呢？怎么能不对庾亮肃然起敬呢？

荀巨伯探望朋友

《世说新语》载：荀巨伯大老远来探望生病的朋友，恰好碰上胡人攻打郡城。

朋友对巨伯说："我今天死定了，你走吧！"巨伯回答说："我远远地来探望你，你却让我离开！损害做人准则而求活命，哪里是我荀巨伯能做出来的？"

胡人攻下郡城。头目对巨伯说："大军到来，整个城池将被洗劫一空，你是什么人，而敢一个人留下来？"巨伯回答说："我朋友身患重病，我不忍心舍弃他，宁愿用我的身躯换朋友活命。"

胡人头目受到感动，说："我们是一群不讲仁义的人，却侵入了讲仁义的国家！"于是转身撤回了，全城的人也因此得到保全。

79

◇**孔明点评**◇

世间多些荀巨伯这样的君子，该多美好！实际上，荀巨伯并非不可学，也并非常人做不到。大敌当前，人心里只装着自己，各顾各的结果只能是城破人亡！虽说逃命也属人之常情，但覆巢之下，焉有完卵？众志成城，才会释放正能量，才会产生不可战胜的力量。满城人若都如荀巨伯，可以设想，胡人敢轻率地攻城抢劫吗？若人心都如荀巨伯，哪个歹徒敢在光天化日、众目睽睽之下行凶作恶？亡命之徒多半存侥幸之心，这都是"各人自扫门前雪"的处世之道惯养的。

顾荣施炙

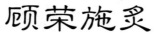

　　《晋书》记载：顾荣在洛阳时，曾经应别人的邀请，赶赴宴席。

　　在宴席上，顾荣发觉端菜人的脸上，显露出对烤肉渴求的神色。于是，顾荣拿起自己的那份烤肉，让给端菜人吃。同席的人都耻笑他有失身份。

　　顾荣说："怎么会有整天做烤肉，而不知道烤肉味道的人呢？"

　　后来战乱四起，晋朝大批人到长江以南避乱，每当顾荣遇到危难，经常有一个人帮助他。于是顾荣感激地问他原因，才知道他就是当年那个得到烤肉的人。

◇孔明点评◇

做人像顾荣那样，容易，也不容易。处处留心皆学问，处处留心可怜悯，毕竟这人世间，还是有贫富贵贱的，不管承认，还是不承认。有善心，才留心，才会像顾荣那样，坐席的时候，能发现端菜人对烤肉有渴求神色。故而，施炙并不难，只要舍得、愿意。然而，一般人做不到，因为善心既已缺如，无心便无从留心，即使端菜人对烤肉垂涎欲滴，也未必能映入人家眼帘。如此，所谓施炙，从何说起？况且，礼仪也束缚人心，常常使人怀抱冰冷而心安理得。

王羲之助妪卖扇

　　著名书法家王羲之的书法天下闻名，但是他不轻易给人写字。

　　有一天，王羲之在路上遇见了一位贫苦的老婆婆。她提着一篮竹扇在集市叫卖，却没有什么人去买。他看到后心里深感同情，于是就帮老婆婆在每把扇子上都题上字。人们知道后纷纷围拢来抢着购买，一篮子竹扇很快被抢购一空。等着买米下锅的老婆婆非常高兴，也十分感谢乐于助人的大书法家。

◇孔明点评◇

　　书画家越是有名，越是爱惜名声，就像鸟儿爱惜自己的羽毛，最直接的表现就是"吝啬"，不肯轻易施人以字画。王羲之在世时，书法已名闻天下，一字千金都不过誉。向他求字，不异于向他索钱，所以他不轻易应承所求。但他怀抱善良，富有同情心，懂得雪中送炭、雨中送伞的道理，所以才有了为帮助老妇人卖扇而题字的慷慨善举。善行，一定得善心先行。没有善心，一切都白搭！

沈道虔助人有道

《宋书》记载：一次，有人正在偷沈道虔家菜园的菜，沈道虔回来看到了，便躲了起来，等偷菜的人走后，才走出来。有人拔他家屋后的竹笋，他便叫那人不要拔，说："我希望竹笋长成竹子，我另有更好的给你。"于是叫人买来更大的竹笋送给那人，那位盗笋的人非常惭愧，坚决不要。沈道虔便叫人把竹笋送到那人家里。

沈道虔常常以拾麦过日子，有一个跟他一起拾麦的人经常抢麦穗。沈道虔劝他不要这样，那人不听，沈道虔便把自己的全部给他。争抢的人非常惭愧，以后每次争抢时，总是说："不要叫沈先生知道了。"

冬天，沈道虔无棉衣御寒。有富人戴禺，为他做了新衣，并送他一万贯钱。沈道虔全部转送给贫困无衣的兄弟或弟子。

乡中少年，多想当他的学生。沈道虔常常没饭吃，更没有钱建学舍。武康令孔欣之接济了他很多物资，使他的学生得以完成学业。南朝宋文帝刘义隆听说后，派人慰劳他，赐钱三万，大米二百斛。沈道虔把它们全部用作贫孤兄弟子侄嫁娶的费用。

◇孔明点评◇

沈道虔真是得道了。他帮助人不能简单地理解为自得其乐，或者乐在其中。他是悲天悯人于大怀抱，所以对盗者不是憎恨有加，而是以道点化，以德服人，使之幡然悔悟。他不讲大道理，以身教化，在举手投足中，四两拨千斤，不动声色，就暖化、软化、教化人心。如此助人、理解人，宽以待人，犹如春风化雨，润物细无声，值得教育工作者、司法工作者、管理工作者借鉴。

何子平侍母至孝

　　《宋书》记载：何子平一家世代居住在会稽，他从小就有理想，有抱负，侍奉母亲也非常孝顺，被乡里人称赞不已。

　　何子平在扬州做了官员，每月发放的俸禄是白米，而他总是卖出白米，买入粟麦。别人问他："获利不多，为什么那么麻烦呢？"子平说："我的母亲住在老家，难以得到白米，我怎么忍心独自吃白米饭呢？"每当有朋友赠送鲜鱼时，如果不能送到母亲家，那么他坚决不会接受。

　　他的母亲原本是妾，户籍注册与母亲的实际情况不符合，母亲尚没到朝廷规定的供养年龄，而户籍上已经到了供养的年龄。何子平便辞官回到家里，侍奉母亲。

当时，镇军将军顾觊之是州上的长官，对他说："你母亲的年龄实际上未满八十，你原来就知道。在州中任职还能有点俸禄，我将禀告上司挽留你。"何子平说："官家从户口登记簿上取得凭证，我就应该按朝廷规定执行，在家奉养母亲，况且归去奉养母亲，又符合我个人的愿望。"

顾觊之又劝他："母亲年老，是否要县令照顾呢？"子平说："母亲实际年龄，尚未到奉养之年，哪能借此以求得照顾呢？"顾觊之听了此话，对他更加尊敬。

何子平回到家，竭尽全力奉养母亲，使供养充足。后来被任命为吴郡海虞县令，以俸禄供养母亲。有人质疑他太俭朴，何子平说："俸禄本来是用来养母亲的，不为自己。"问的人惭愧不已。

◇**孔明点评**◇

比起中国古代二十四孝来，何子平更应当受到后人的尊敬。在官位与母亲之间，他的选择毫不含糊，那就是母亲第一，官位第二，这在官本位社会就显得很不

中华 友善 故事

容易。更难能可贵的是他把孝顺看作自己分内的事，既不推卸，更不借机揩油，钻国家的空子，占社会的便宜。这样的官员莫说在古代，即使在当代，也显得"另类"。国家公务员里，如果多些何子平，社会风气何愁不正？道德风尚何愁不行？

严植之救人不图回报

　　《梁书》记载：南朝梁天监年间，有位五经博士叫严植之。有一天，严植之在江边观赏风景，突然看见一个人躺在地上，衣服破烂，面目浮肿。询问之后，得知此人姓黄，是荆州人，因家贫外出帮工，不料身患重病，被急于赶路的船主抛在岸上。于是，严植之将此人接回家中，为他治病。

　　一年之后，姓黄的病人康复了，他双膝跪地，恳切地表示，愿留在严植之府中终身充当奴仆，以报答救命大恩。

　　严植之谢绝了，并取出钱和干粮，让他回到自己的家乡。

　　又有一天，严植之从山下走过，看见一位生重病的

人，严植之问他姓甚名谁，病人已经不能回答。严植之就将他扶上自己的车子带回家中，为他疗病熬药。那人终因病重医治无效，六天后死亡。严植之又准备棺材为他入殓，给他办了丧事，最终也不知亡者的姓名。

◇**孔明点评**◇

人常说无独有偶，严植之救人就无独有偶，让人既感动，又感叹。感动者，他救人于危难之中，不思回报；感叹者，他救人不折不扣，完全彻底。不知救助的是谁，还要入殓，这已不是常人之德所能概括了。无论客观上，还是主观上，严植之那样做，都是对生命的一种怜悯与尊重。人类对动物尚且要保护，何况对人呢？一个严植之心的柔软或许算不得什么，但千万个严植之心的柔软呢？让人世间充满温馨和爱，毕竟人人都期待！

紫荆树死而复生

隋朝时，有田真、田庆和田广三兄弟。兄弟三人成年之后想要各自发展，就决定把家产一分为三。

分到最后，只剩下庭院中那棵开满紫红色花朵的老紫荆树了。这棵树一直郁郁葱葱，象征着这个家庭的兴旺发达，一代又一代的田氏子孙，都是在紫荆树默默地俯视中成长起来的。老树蕴含着田家人无尽的情意。

哥哥田真叹息着说道："田家的历史有多长，紫荆树就有多老！"

老二田庆不以为意地说："我们家产都分完了，留着这棵树也没什么用了，不如也把它给分了。"

小弟田广说："有理有理，紫荆树的树皮和木材都可以入药，我们干脆直接把它砍掉，一人分一份，还

能卖个好价钱呢。再说，我们分了家之后，都要各奔前程，谁还顾得上照顾它啊！"

田真说："使不得，使不得。我怎么忍心伤害这些美丽的花朵和润泽的叶子呢？它鲜活的生命力，伴随着我们家一代又一代人的成长。眼见那翠绿的色泽，谁不发自内心地赞叹它的茂盛？家族有多兴旺，紫荆树就有多茂盛！这是我们家族繁盛的见证，怎能如此伤害于它呢？"

田庆说："哥哥您别犯傻了，谁还会注意到这棵老树？您要是不肯，那我就和弟弟对半分了。"

两位弟弟那样坚持，哥哥也只好放弃劝说，于是他们决定将紫荆树砍成三段。

田真仰望着昔日的故宅和茂盛的老树，内心十分伤感，但也无可奈何。

没想到的是，第二天一早，原本茂盛挺拔的紫荆树，突然枯萎凋零，原本壮硕挺直的枝干、翠色可人的叶子，已面目全非。看到的人无不大惊失色，疑惑地想道：难道紫荆树也伤心欲绝，因自己将被截成三段而伤痛吧？

　　三兄弟见到这个情形，不由得忏悔：为什么手足之情要这样分离？连树都觉得伤心，连树都为之涕泣，连树都不想再活下去，何况人呢！想到昨天兴致勃勃的砍斫计划，两个弟弟感到万分沮丧、羞愧。

　　田真神情肃穆地说："树木原本就是同气连枝的，正是因为听说将要被砍成三段，它才会如此悲伤，我们人竟然连树木都不如啊！"

　　田庆看到这番景象，追悔不已地说："小的时候，我们兄弟同吃同住，同出同息。那种在父母身旁承欢膝下、同舟共济的幸福生活，现在想起来还那么令人怀念。"

　　田广伤感地说："现在父母都不在了，我们兄弟就是最亲最近的人了，如果连我们都不肯团结友爱的话，那父母的在天之灵一定会天天流眼泪，一定会比紫荆树还要伤心的。"

　　田真说："我们为什么不能继续从前的生活呢？人常说，兄弟同心，其利断金。我们是一家人，要想重振

家业，就要通力合作，和睦共处。"

兄弟三人的手紧紧地握在了一起。他们把分家的契约，在紫荆树前一同烧毁，决定共同经营幸福的生活。兄弟三人默默地祝祷着，感恩祖先留下的这棵紫荆树。

第二天，当太阳悄悄地爬上枝头的时候，弟弟打开窗户，惊讶地喊了起来："哥哥，哥哥，快来看看，紫荆树的头抬起来了，叶子又变绿了。"

两位哥哥惊讶地探出了头，紫荆花那片殷红的色彩，湿润了他们的眼睛。

◇孔明点评◇

这应该是一个寓言故事，寓意发人深思，令人畅想，甚至使人心窍大开。古往今来，兄弟间争多论少、伤了和气、形同路人的例子可谓比比皆是。各自的理由无不冠冕堂皇，实际上就是一个"私"字在作怪。不吃亏是起码的，占便宜最好，能独吞家产就更求之不得了。咦，人同此心，与禽兽何异？甚至可以说禽兽不如也。都知道生不带来，死不带去，却何以贪婪成性，没有个餍足呢？其实是鬼迷心窍，钻进钱眼里了。一个人眼里、心里如果只有钱，什么亲情、友情、爱情，什么情都不管不顾了。想一想，人真不该这样的。倘若兄弟间都不能友善相处，人际关系如何能真正和谐呢？

李士谦乐善好施

《隋书》记载：李士谦，字子约，赵郡平棘人。幼年丧父，因孝顺母亲而闻名。十二岁时，被北魏广平王拓跋赞征召为开府参军。后来母亲去世，服丧时他消瘦得只剩下一副骨架。

李家是豪门望族，每年到春秋社祭日，一定举行大宴，竭尽欢乐，人人大醉，喧闹不堪。曾经有一次在士谦住所聚会，众人面前满是丰盛的食物，李士谦却先摆出了黄米，对众人说："孔子称黄米为五谷之长，荀卿也说吃东西先吃黄米、小米，古人所崇尚的东西，难道能违背吗？"老少都严肃起来，退席后相互说："见到君子以后，才发现我们这些人的道德不够高尚。"

李士谦家里财富很多，但他自身却很节俭，常常致力于救济施舍。家乡有无力办丧事的人家，他就赶过去，缺多少供应多少。有一家兄弟间因分财产不均，以致互相诉讼。李士谦听说后，就拿出自己的财产，补给分得少的人。这家人深感惭愧，兄弟间相互推让，终于也成了善人。

有一次，别人的牛闯进了他家田里，李士谦把它牵到阴凉处饲养，比主人饲养得还好。望见有人偷割他家的庄稼，他就不出声地躲开。他家的童仆曾经捉住偷粮食的人，李士谦安慰那人说："穷困使你这样，我没有责怪你的道理。"叫人马上将他放了。

有一年春荒，许多人家都断了粮，李士谦就拿出一万石粮食借给乡里的缺粮户。到了秋天又遇年成不好，庄稼歉收，借了粮的人都要求延期偿还。李士谦说："我借粮给你们是为了帮大家渡荒，不是为求利。既然年成不好，借的粮就不用还了。"于是，他请一些欠粮的人吃饭，在吃饭时，当着大家的面，烧毁了全部借据。第二年，粮食丰收了，许多人挑粮来还，李士谦坚决不收，还粮的人只好又挑了回去。

到了春天，李士谦又拿出粮种，分给贫穷人家。赵郡的农民感激他，告诉自己的子孙说："这是李参军留下来的恩惠啊。"

李士谦乐善好施三十年，在隋文帝开皇八年去世，当时六十六岁。赵郡的男男女女听说了，无不流着泪说："我们这些人不死，反而让李参军死了！"他所在的赵郡一带有数万人为他送葬，哭声震天动地。为了表达对李士谦的感恩之情，人们送葬时给他家送去很多东西，李士谦的妻子一概不收。她对父老乡亲们说："他这一生乐善好施，我们怎么能违背他的意愿呢？"

◇孔明点评◇

德行，德行，说白了，德在于行。说得好，做得更好，才配称德行好。隋朝人李士谦，确实德行好。他的德不在于表面上，而在于心灵里，时时为他人着想。想一想，古往今来，有多少人像他那样呢？毛泽东说："一个人做一件好事并不难，难的是一辈子做好事，不做坏事。"一千多年前的李士谦做到了；遗憾的是一千多年来，中国出现了几个李士谦呢？

狄仁杰望云思亲

狄仁杰是唐代武则天时期的一代名相，为官刚正不阿，执法严明，深受人们敬重。他生前长期在洛阳做官，居住在尚贤坊。死后葬在洛阳，其墓就在今洛阳白马寺附近。

一次，狄仁杰的同僚参军郑崇质奉诏出使边疆之际，家里年迈多病的母亲得了重病。如果这样离去，就无法在母亲身边侍候，郑崇质心中非常悲痛，左右为难，内心纠结。

狄仁杰知道郑崇质的痛苦心情之后，对他说："你可以留下母亲而自己身在万里之外而不忧愁吗？不如我来代你出行边疆。"郑崇质万分感激。

于是，狄仁杰向长史蔺仁基建议，特别就这件事奏

请皇上，同意自己代替郑崇质前去。皇上恩准后，狄仁杰毅然前去边疆。

此时，蔺仁基正与司马李孝廉闹别扭，蔺仁基看到狄、郑的情谊，嗟叹、赞美很久，并和李孝廉相互告诫说："与狄仁杰相比，咱们应当觉得惭愧啊！"于是，蔺、李二人和好如初了。他们逢人便夸："狄公的贤德，在北斗以南的地方，就他一个人而已。"

狄仁杰的父母亲住在河阳（今河南沁阳）。有一天他出外巡视，途经太行山。他登上山顶，眺望远处的云彩，对左右随从说："我的亲人就住在那片白云的下边。"他徘徊了很久，也不想离去，禁不住流出了思亲之泪。

"忠厚长者"狄仁杰

武则天对狄仁杰说："你在汝南有政绩，但也有诋毁你的人，想知道他是谁吗？"狄仁杰辞谢说："陛下您认为是错的，臣一定改正；认为我没有错，那就是臣的幸运。诋毁之人是谁，我不想知道。"武则天赞叹他为"忠厚长者"。

◇孔明点评◇

狄仁杰能成为一代名相、贤相，绝非偶然。能代同僚出巡边疆，可见他友善；能望白云而思念亲人，可见他孝顺；能不计较他人诋毁，可见他忠厚。所谓德才兼备，不过如此吧！武则天能拥有这样的宰相，不独统治者之幸，更是万民之幸。

娄师德包涵狄仁杰

《唐语林》记载：娄师德与狄仁杰同为女皇武则天的宰相，但两人性格迥异。狄仁杰疾恶如仇、爱恨分明，娄师德则唯唯诺诺。狄仁杰没有辅政时，娄师德荐举他；等二人平级后，狄仁杰几次排挤娄师德任外使。

朝中官员都知道狄仁杰向来自高自大，所以也没有一个人敢出来调解此事。最后，连武则天也看不下去了，她只好亲自出面做狄仁杰的工作。

一天散朝的时候，武则天留下狄仁杰，问狄仁杰道："娄师德贤明吗？"狄仁杰回答说："他担任将领谨慎守职，是否贤明，我就不知道了。"武则天又问："他知人吗？"狄仁杰答道："臣曾和他同僚，没听说他知人。"

　　武则天单刀直入地问狄仁杰："我这么重用你，你知道这是为什么吗？"狄仁杰答得也很干脆："我是一个从来不知道依靠别人的人，而皇上您居然重用了我，我想，一定是因为我的文章出色，外加品行端方。"

　　尽管这样的回答在武则天意料之中，但是狄仁杰的口气还是令她有些小小的不快。她呷了一口茶，尽量用平静的语气说道："这你就只知其一，不知其二了。当年，我对你其实一点儿也不了解，为什么想起来提拔你呢？全仗的是有人在我面前推荐你啊！"

　　这次轮到狄仁杰吃惊了："真的啊？我确实不知道是谁推荐了我。"武则天说："给你三次机会，你猜一下吧！但我想，就是给你十次机会你也猜不出来！"

　　狄仁杰是个聪明人，见武则天这么说，就顺口答道："那就请皇上您直接告诉我好了。"

　　"告诉你吧，你能有今天，靠的不是别人，而是娄师德，是他在我面前三番五次地推荐你！"

　　武则天似乎看出了狄仁杰的惊诧和难以置信，她随即让侍从取来档案柜，笑着对狄仁杰说："你就自己去

打开看一下里面的东西吧。"

　　档案柜打开了，十几封写给皇上的推荐信呈现在狄仁杰面前。这些推荐信的主题只有一个，那就是推荐狄仁杰担任重要职务。

　　十几封推荐信的作者也只有一个人，那就是娄师德。

　　这一下轮到狄仁杰无地自容了。原来自己能有今天，靠的全是娄师德当年的大力推荐。自己不领情也就罢了，还不时打击娄师德。而更令他惭愧的是，娄师德居然从来不居功自傲，一直默默承受冷嘲热讽而不做任何解释！

　　狄仁杰叹息道："娄公盛德，我被他宽容相待却不自知，我不及他太远了！"

娄师德生性宽厚

　　娄师德曾与李昭德一同上朝，娄师德因身体肥胖，行走缓慢。李昭德多次停下等他，他还是赶不上来。

李昭德不禁生气地骂道："你这个乡巴佬！"娄师德笑道："师德不是乡巴佬，谁是乡巴佬？"

娄师德巡视并州，在驿馆与下属一同吃饭。他发现自己吃的是精细的白米，而下属吃的却是粗糙的黑米，便把驿长叫来，责备道："你为什么用两种米来待客？"驿长惶恐地说："一时没那么多白米，只好给您的下属吃粗食，我该死！我该死！"娄师德道："是我们来得太仓促，导致你来不及准备。"然后把自己的细粮也换成粗粮。

娄师德做宰相后，有一次去巡察屯田，部下随从人员已先起程，他因有足疾，便坐在光政门外的横木上等人牵马来。

这时，有一个县令不知他的身份，自我介绍一番后，便与他一同坐在横木上。

县令手下随后赶来看见，连忙告诉县令："这是宰相。"

县令一听，脸上吓得变了颜色，口称："死罪！死罪！"

娄师德慢慢说道："不要紧张，你因为不认识我，才和我同坐一条横木上，法律没规定这也是死罪。"

娄师德到灵州，在驿馆吃完饭准备离去。手下判官委屈地说道："我们连水也没喝上呢，根本没人搭理。"

娄师德便把驿长叫来，责问道："判官与宰相有什么区别呢？你竟敢不理他？连水也没有喝，拿板子来！"

驿长连忙叩头请罪。娄师德又道："我本想打你一顿，但我这个宰相打你这个小小的驿长，传出去对我名声不好；告诉你的上官吧，你小命又难保。算了，我饶了你。"

驿长叩头，大汗淋漓，狼狈而去。娄师德望着他的背影，对判官说："我替你出气了。"

◇**孔明点评**◇

武则天评价狄仁杰为"忠厚长者"，娄师德的德行却在狄仁杰之先，甚至之上，这恰可证明一个成语的正确，那就是"近朱者赤，近墨者黑"。娄师德三番五次推荐狄仁杰，可见他有知人之高德；对于狄仁杰的排挤，他能默默忍受，可见他有容人之雅量；居高位而不颐指气使，总能替部下的尴尬甚至过错圆场，可见他为官之道与为人之道如此贯通吻合。中国多些娄师德，吏治何愁不清明呢？

李白和汪伦

　　《随园诗话补遗》记载：汪伦，安徽黟县人，曾任
泾县县令，卸任后由于留恋桃花潭，特将其家由黟县迁
往泾县。

　　唐天宝年间，汪伦听说大诗人李白旅居于南陵的
叔父李冰阳家，便写信邀请李白到家中做客。信上说：
"先生好游乎？此处有十里桃花。先生好饮乎？此处有
万家酒店。"李白素好饮酒，又闻有如此美景，便欣然
应邀而至，却未见信中所言盛景。汪伦盛情款待，搬出
用桃花潭水酿成的美酒与李白同饮，并笑着告诉李白：
"桃花者，十里外潭水名也，并无十里桃花；万家者，
开酒店的主人姓万，并非有万家酒店。"李白听后大笑
不止，并不认为被愚弄，反而被汪伦的盛情所感动。

适逢春风桃李花开日，群山无处不飞红，加之潭水深碧，清澈晶莹，翠峦倒映。汪伦留李白连住数日，每日以美酒待客，二人相交甚欢。

李白在东园古渡乘舟欲往万村，登旱路去庐山。临别时，汪伦在古岸阁上设宴为李白饯行，并拍手踏脚，歌唱民间的《踏歌》相送。李白深深感激汪伦的盛意，作《赠汪伦》诗一首："李白乘舟将欲行，忽闻岸上踏歌声。桃花潭水深千尺，不及汪伦送我情。"汪伦也因此名留千古，妇孺皆知。

◇孔明点评◇

李白和汪伦是基于情投意合而走在了一起。首先，汪伦仰慕李白，拿现在的话说，应该是李白的粉丝，甚至是"钢丝"；其次，李白名满天下，汪伦也非等闲之辈，起码他有名士的风度和雅士的机智；再次，李白有诗家情怀与洒脱，汪伦有赤子之心，不失淳朴。神交而心有灵犀，怪不得他俩一见如故了。物以类聚，人以群分，诚然哉！

李陆交好

　　唐朝宰相陆贽在位时，听信了一面之词，认为太常博士李吉甫和某些人拉帮结伙谋私利，没做调查了解，就把李吉甫从京城长安贬到明州去做长史。人们对李吉甫表示了深切同情，也极不满意陆贽的主观臆断。佢是李吉甫却认为陆贽的用心还是为国为民的，绝不能由于陆贽冤枉了自己，就以牙还牙。

　　没过多久，皇帝听信谗言，免掉了陆贽的宰相官职，把他贬到长江三峡附近的忠州当别驾。后任的宰相明知李、陆有这点私怨，便玩弄权术，特意提拔李吉甫为忠州刺史，让他去当陆贽的顶头上司，意在借刀杀人，让陆贽永远回不到宰相的位子上来。

　　曾受陆贽冤屈的李吉甫，成了陆贽的顶头上司。

111

人们议论说：往后有陆贽的苦果子吃了。但是，没有想到，李吉甫一上任，就特地和陆贽饮酒交好，并且一同处理州里的政事，处处尊重陆贽，征求陆贽意见，采纳他的建议。对此，陆贽自然深受感动，他便积极地出点子。忠州的政绩，一天比一天好。

◇孔明点评◇

这个故事确实美好。人与人之间究竟应该怎样相处？所谓的交际艺术都靠不住，最贵重的恐怕还是人品。胸襟开阔宽厚，看人从大处着眼，不在个人得失好恶上纠缠细枝末节，则做人必是好人，做官必是好官。即如李吉甫受到排挤贬官，虽觉得冤枉，却不认为是宰相陆贽出于私心；陆贽受到小人陷害，李吉甫更不落井下石，足见他人品高贵。人，至少应该明白一个道理：受到君子误解，迟早会冰释前嫌；受到小人陷害，多会变本加厉。因此，人们宁愿得罪君子，也不愿让小人说好。

柳宗元友善二三事

为刘禹锡求情

《新唐书》记载：永贞元年那场声势浩大的变革失败后，柳宗元、刘禹锡都被贬官。

当柳宗元得知自己被贬官柳州（今广西中北部），而刘禹锡被贬到比自己更远的播州（今贵州遵义）时，心疼不已，不禁大哭起来，心想："刘禹锡的老母亲，年事已高，而刘禹锡被贬的地方，是偏远的人烟稀少之地，西南边陲，来回万里之遥，他如何带年老的母亲一起走？老人又如何经得起路途的颠簸？要是他不带母亲走，那么，这一别，他们母子肯定就是永诀。我和禹锡为好朋友，怎么忍心看到这样的惨状！"

113

于是，柳宗元立即给皇帝上奏折，请求将自己的贬谪地和刘禹锡调换，即使让自己离京城长安更远一些，或者加重自己的罪过，甚至是死罪，也不遗憾。

恰好也有官员给皇帝说刘禹锡的难处，于是刘禹锡被改迁连州（今广东清远市西北部）。

柳宗元为民凿井

传说柳宗元到柳州以前，柳州找不到一口水井。千户人家，万余人口，吃水用水都背负着小口大肚子的罂瓶，极其艰难地沿着狭窄的崖路，上下往返到柳江边汲水。如果天旱水浅，到江边的距离就更远了。到了雨季，路险泥滑，汲水更加危险，稍有不慎，脚下一滑，汲水的人就会从陡坡上翻滚下去，轻者跌断手足，重者还会送命。

柳宗元到柳州后，体察民情，决定凿井供居民使用。他命令部下蒋晏率领数十名军士，在城北开凿了第一口水井。

但在这里打井并非易事，军士们克服各种困难，一直凿到六十六尺深，才打出井水来。

这时，柳州城里的百姓，扶老携幼跑来观看这一奇迹。在这些百姓当中，有人活到七八十岁都还没有见过井。当他们喝到清冽的井水时，都不禁高兴地欢呼起来。

柳宗元凿井之前，也曾有人试挖，但都崩塌，说是伤了"龙脉"，破坏"风水"，因此，都不敢继续开凿。柳宗元不信"讹言"，投入大量人力物力，终于凿井成功，做了一件流传千古的利民好事。

柳宗元释放奴婢

柳州原先是一个原始的荒蛮之地，当时沿袭一种残酷的风俗——以男女作为人质借钱。如果到约定的时间不还，人质则沦为奴婢。一旦为奴，则终身为奴。

柳宗元到柳州后，了解到这一恶俗，就发布政令，使得那些沦为奴婢者，仍可出钱赎回。政令中制定了一套释放奴婢的办法，规定已经沦为奴婢的人，在为债主服役期间，都可以按劳动时间折算工钱。工钱抵完债后立即恢复人身自由，回家与亲人团聚。这一善政受到广大贫困百姓的欢迎，后来还被推行到柳州以外的州县。

◇孔明点评◇

所谓友善，不是说说而已，要落到实处，并非易事。譬如柳宗元吧，自己遭贬，却为朋友刘禹锡的老母亲着急，宁肯自己被贬得更远，也要为刘禹锡上书求情。患难知交情，这就是交情了。他之所以如此，是人品使然。他这样的人到了贬谪之地柳州，为民凿井以解决饮水困难，为释放奴婢确立新规，就不难理解了。

宁要朋友，不要状元

　　《新唐书》记载：唐朝时，有一个名叫白敏中的读书人，是著名诗人白居易的堂弟，虽然不及堂兄有名，但也博闻强识，才高八斗。

　　一天，白敏中结识了颇有文才、狂放不羁的贺拔惎。两人志趣相投，很快便成为好友。后来他俩相约一块到京城长安，参加科举考试。

　　当时的主考官是丞相王起。王起知道白敏中出身名门，文才又好，非常赏识，有意录取他为状元。但看见白敏中与家境贫寒的贺拔惎交往过密，就私下派人带信给白敏中，暗示要他断绝与贺拔惎往来。白敏中为了自己的前途，无可奈何地答应了。

　　这天贺拔惎来访，白敏中的手下人欺骗他说主人不在家，出门去了。贺拔甚等了好长时间，见白敏中迟迟不归，心中明白了一大半，没有说什么就往外走。

贺拔甚刚刚离去，白敏中就后悔了，立刻把贺拔甚追了回来，将事情的原委如实相告，说："凭才学什么事干不成！为了个状元，怎么能舍弃自己的好朋友呢？"说完，命人摆了酒席，两人开怀畅饮，好不自在。

丞相的亲信看到这般情形，非常生气，就把事情一五一十地禀告了王起，怂恿说："既然他不稀罕，那就别录取他了。"王起听了，不怒反笑，说："结交朋友就当如此！我原来只想取白敏中为状元，看来现在要改变主意了，还要加上贺拔甚。"结果，白敏中和贺拔甚被同时录取为状元。后来，白敏中还当上了宰相。

◇**孔明点评**◇

这个故事起码释放了三点正能量：其一，人非圣贤，一时糊涂，或者鬼迷心窍，是有可能的，但这无伤大雅，只要幡然悔悟，仍然难能可贵。其二，知错即改，义无反顾。譬如白敏中，宁要朋友，不要状元，做

这样的选择，一般人恐怕很难理解。其三，主考官王起也非等闲之辈，能透过白敏中的取舍认定其人品，使这一则人间佳话不留一丝遗憾。目光如炬，胸襟如海，才能知人善任。

张士选深明大义让家产

　　五代时，有个人叫张士选，小小年纪父亲母亲相继辞世，好在叔父善良厚道，尽心养大了他。

　　张士选十七岁的时候，叔父对他说："现在，你已长大成人，我有件事和你商量。你祖父遗留下来的家产，从来没有分开过。我把它分作两份，我们各得一份吧。"

　　张士选说道："叔父有七个儿子，连同我八人，应当把家产分作八份才好。"

　　叔父说："那怎么可以呢？你爷爷只有我和你父亲两个儿子，按理说，家产一定只能分作两份。"

　　张士选非常动情地说："我父母早早过世，我是在叔父您的庇护下长大成人的。您就是我的父母，您的儿

子就是我的兄弟，我们一起来享受祖父的恩泽，不是更好吗？"

不管张士选怎么说，叔父就是不肯答应。

后来，张士选多次流泪劝说叔父，叔父最终答应了他。

◇孔明点评◇

张士选让家产，不仅仅是出于报恩，更重要的是他深明大义，不是为一己利益着想，而是有所担当，有所放弃，当然也有所回报。唯因这样，他才会做出那样的选择。于此，他的叔父更了不起。如果他叔父心存占有家产之心，哪能等到张士选长大后一分为二呢？叔侄都世事洞明，人情练达，人间才多了这个佳话。

王旦宽容，寇准三惭

北宋时，与寇准同榜考中进士的人有李沆、王旦、向敏中、苏易简、张咏等人。该榜后来朝中重要官员辈出，时人呼之"龙虎榜"。

《宋史·王旦传》记载：王旦曾鼎力推荐寇准为相，说了他许多长处，而寇准却经常在宋真宗面前数落王旦的短处。

真宗向王旦揭了寇准的老底："你经常称道他，他却不断地数落你。"王旦听了面不变色，坦然地说："理当如此。臣在相位日久，政事缺失必多，寇准能对陛下无所隐瞒，更显出了他的为人忠直，这正是臣器重和举荐他的原因。"

当寇准任枢密院直学士（掌全国军机、边备、征

战等事的最高军事长官）时，王旦在中书（掌管起草诏书），时有文件送枢密院，偶尔不合诏令格式，寇准便上奏皇帝，王旦因而受到责问，但是王旦并不介意，只是道歉改正而已。

不久，枢密院也有文件送达中书，也有不合诏令格式的。办事员发现后，高兴地呈给王旦，认为这下抓到寇准的把柄了。可是王旦却命只送回枢密院更正，并不上奏皇帝。寇准知道后，大为惭愧。寇准专门拜见王旦说："我们同科考中，你怎么能有如此大的度量？"王旦没有应答。

寇准被免除枢密使职务，托人私下求做使相，王旦惊异地说："将相的任命，怎么能强以求取呢！我不接受私人请托。"寇准很是惭愧。

不久寇准被任命为武胜军节度使、同中书门下平章事。寇准入朝拜谢真宗说："不是陛下了解我，怎么能至此？"真宗详细说出是由于王旦的荐举。寇准惭愧感叹，认为自己不及王旦。

寇准在要郡任职，生日那天，建造山棚大宴，又因服饰用度僭越，被他人所告。真宗很生气，对王旦说：

"寇准每件事都想要仿效朕，行吗？"王旦缓缓地回答

说："寇准确实贤能，对他的呆有什么办法？"真宗心

中恨意得以消释，说："对，这正是呆而已。"于是不

过问此事。

王旦病重，去延和殿见真宗。真宗说："你现在

病很重，万一有个三长两短，让朕把天下事交付给谁

呢？"王旦说："知臣莫若君，唯贤明的君主选择。"

真宗再三询问，王旦没有回答。当时张咏、马亮都为尚

书，真宗一一问这二人，王旦也不回答。真宗因而说：

"试以你的意思说说。"王旦勉强起身举着朝笏说：

"以我的愚见，莫如寇准。"皇帝说："寇准性情刚直

狭隘，你再思考下一个。"王旦说："其他人，是我所

不知道的。我病困，不能侍奉很久。"于是辞别退下。

王旦死后一年多，真宗终于任用寇准为宰相。

◇孔明点评◇

同朝为官，彼此狭隘，才钩心斗角。倘有一方忍

中华

友善

故事

让、宽容，不与对方计较，凡事都出于公心，绝不挟私报复，则所谓矛盾，也无从说起。王旦之宽容大度之所以令寇准三惭而心悦诚服，贵在一个德字。所谓德才兼备，德是不可或缺的。一个人纵然才高八斗，倘若德不如技，则很难与人为善，也很难处事不失公心。王旦的所作所为，堪为当今领导干部的楷模。

王质礼贤不避嫌

　　《渑水燕谈录》记载，北宋的范仲淹，因主张改革，惹怒了皇上，被贬去颍州。当范仲淹离京时，一些平日与他交往密切的官员，生怕被说成是他的朋党，纷纷避而远之。

　　有一个叫王质的官员则不然，当时他正生病在家，闻讯后，立即抱病前去，将范仲淹一直送到城门外，为范仲淹饯别。有位大臣问王质，说："您是个忠厚长者，为什么要和那些朋党分子搞到一起？"王质回答说："范仲淹是什么人？他是天下贤者！我怎么能够跟他比？如果我能够成为范公的同党，那是您对我的厚赐了。"

◇孔明点评◇

古往今来，趋炎附势者众，明哲保身者更多，而且多半都振振有词，似乎还心安理得。人心如此，只有叹息。无论做人抑或为官，诚如王质者凤毛麟角。王质的人品贵重，不仅仅在于不见风使舵，不随波逐流，而且义正词严，底气十足，并不拔高自己。他能带病为范仲淹饯行，已见其人品不俗，面对质疑，却以被视作范党为荣，则其人格已在白云之上了。真个莲花独放，亭亭玉立。

苏东坡助人偿债

　　苏东坡在杭州任通判时，有一天坐堂，一个穿戴华丽的商人呈上一张状子。苏东坡接过一看，上写："原告人吴小一，状告张二欠钱不还一事。"他便问吴小一道："张二欠你什么钱？"

　　吴小一回答说："他去年春天借了小人绫绢钱二万，欠条上写明三个月内归还，至今已满一年，他却分文未还，恳请相公做主，替小人追还。"

　　苏东坡命差役马上把张二传来审问。不多时，张二带到。苏东坡一看，原来是一个面容瘦削、衣衫褴褛的老头，不觉动了怜悯之心。他和颜悦色地问道："吴小一状告你欠他绫绢钱二万，可有此事？"

　　张二恭谨地回答说："欠他二万是真。"

苏东坡又问道："既然是真，为何过期很久，仍未还钱？"

张二面现愁苦之色，低声答道："并非小人有意赖账，实是无力偿还。"

苏东坡接着问道："既知无力偿还，为何要去借债？"

张二说："小人借他绫绢钱，原是为了做扇子生意。谁知扇子做好，偏遇连雨天凉，一时无法卖出，故拖欠至今。"

苏东坡见他说话老实，人又可怜，愈发动了怜悯之心，便和蔼地说："既然有扇子可作抵押，你马上回家取些扇子来，我自有办法帮你还债。"

张二听说通判大人有办法帮自己还债，又是高兴又是疑惑。高兴的是，通判乃朝廷命官，绝无戏言，还债定然有望；疑惑的是，如今天凉扇难卖出，用扇抵债，吴小一绝不会答应。这桩公案又如何了结呢？但一时顾不得细想，便急忙回家去，把最好的扇子取了一筐，扛在肩上，气喘吁吁地赶回公堂。

苏东坡叫差役当堂打开，选了四十柄白团夹绢扇子放在桌边，然后他举起判笔，一柄一柄地写字作画。他来杭州不久，游西湖时曾写了一首有名的七绝《饮湖上初晴后雨》："水光潋滟晴方好，山色空蒙雨亦奇。欲把西湖比西子，淡妆浓抹总相宜。"他把这首诗也抄在一些扇子上。有的写草字，有的用行书。另外的扇子，或画几株枯树，或绘一片竹石。每把扇子都有"眉州苏轼"的落款。不多时，四十柄白团夹绢扇子全部写完。他把判笔一掷，然后站起身来，吩咐张二道："快领去发卖，偿还吴小一的绫绢钱。"

张二这时才明白过来。他喜之不尽，连忙跪下叩头，从桌上抱起四十柄扇子，千恩万谢而去。

吴小一见有大人做主，自回家去，等候张二来还钱。

张二抱扇回家，恰逢久雨初晴，正宜卖扇。他马上开门营业。苏东坡本是当时天下皆知的大文豪、大诗人，又是与蔡襄、黄庭坚、米芾齐名的大书法家，绘画也很有名。因此，张二的绢扇刚刚摆出，那些闻知苏通

判写扇消息的人们，纷纷登门买扇，顷刻，他就卖了三十九柄。

只剩下最后一柄绢扇，留在家中，作为传家之宝，以纪念苏大人救助之德。

那些来迟了的人，没有买到有苏东坡落款的绢扇，个个懊恼而去。

张二卖扇，一下得了三万九千钱，除还清吴小一的欠债外，余下的一万九千钱，又做了许多扇子卖钱。他愁眉尽扫，笑逐颜开，逢人便夸赞苏通判救助之德。苏东坡代人写扇还债的消息，很快就传遍杭州城，百姓都赞扬他是关心民情、断案公正的好官。

◇**孔明点评**◇

人间佳话，无独有偶。前有王羲之，后有苏东坡。才子风流，才子不失德行，故此才有如此这般的佳话流传世上。苏东坡助人偿债是可信的，既然前贤王羲之做得，何以后俊东坡先生做不得？善行必然殊途同归！为官者无才则必无能，恃才傲物则不易推行善政，德才兼备则必为民着想，富有同情心，才会有救助心。苏轼为官，颇多善政，造福一方，至今犹有遗迹，可谓遗惠于民。

张知常隐恶扬善

　　北宋人张知常，为人善良，而且宽宏大度，凡事为人着想。

　　张知常在太学的时候，家里托人带给他十两金子。同寝舍的某人趁张知常外出时，打开箱子，把金子偷走了。

　　学校的官吏召集同寝舍的人进行搜查，结果搜到了金子。

　　张知常想，如果承认金子是自己的，那么偷金子的人必将受到责罚，而且众目睽睽之下，会令他深感羞耻，无地自容的。于是他说道："这不是我的金子。"

　　同寝舍偷金子的人，被张知常的善良感动了，于是，趁夜晚将金子还给了张知常。张知常知道他很贫困，便送了一半金子给他。

◇孔明点评◇

　　人的德行何以见得？不遇事，则人无高下之分；遇到事，则人品判若云泥。张知常的大德见于细微，为了他人的面子，宁肯不认自己丢失的金子，说明他有一颗比金子还珍贵的心。偷金人被感动是肯定的。张知常一举两得：既感化了他人，又美化了自己的灵魂。

高防代人受过

　　《宋史》记载：宋代高防，并州寿阳人，性情朴实稳重，遵守礼法，侍奉母亲很孝顺，喜欢学习，擅长作诗。高防在澶州防御使张从恩手下当判官时，有个名叫段洪进的军校，盗用公家的木材做家具，拿到市场上出售。张从恩大怒，想把段洪进杀掉。

　　段洪进为求活路，就撒谎说："是高防让我做的。"

　　张从恩马上召来高防责问。高防为救人一命，就认了。

　　结果，段洪进没被杀，可张从恩不再信任高防了。他给高防十千铜钱和一匹马，打发他回家。高防也不辩解，便辞别了张从恩离开部队走了。

但是，张从恩越想越觉得不对劲，便命令骑兵追赶高防。高防不得已而回来，两人和好如初。

到了年底，张从恩的亲信终于了解到事情的真相。

于是，张从恩才知道高防为救别人，替别人承担了罪过。张从恩非常感慨，从此对高防更为礼遇敬重。

◇**孔明点评**◇

即使放在今天，高防如此代人受过，也可圈可点。一、段洪进损公肥私罪不至死，但上官却动了杀机，有用刑过量之嫌；二、段于急中委过与人，实属不该，却也有情可原；三、高防乃高人，深谙个中利害，性命攸关之过，替人背了也罢。古代杀人不过长官一句话而已，高防生活在那个时代，一定感受到了不妥，受过是高风亮节，也是无可奈何。还好，总算高防的上官张从恩是明白人，幡然醒悟，及时收回成命，没有使高防委屈终生。

于令仪善待邻里

　　北宋时，曹州有个叫于令仪的人，一生勤劳持家，到晚年成了当地有名的富户。

　　一天晚上，有人潜入他家偷东西，被他的几个儿子抓住了。

　　喊声惊动了正在书房里读书的于令仪，他提着灯笼走来，认出面前的人竟是邻居的儿子，不禁大吃一惊。问到缘由，年轻人说："父亲卧病在床，家里请不起大夫，不得已才干出盗窃的事情。"

　　于令仪听后很是同情，于是问他需要多少钱。年轻人说："需要十千钱，我就可以请大夫给父亲治病了。"

　　于令仪将钱如数给了他。

邻居的儿子刚要走，于令仪又喊住他："你家很穷，现在又是深更半夜，你匆忙带这么多钱回家，遇上巡逻查夜的盘问你，你怎么说呢？"于是留他在自己家里过夜，第二天才让他回家。

◇孔明点评◇

贼固然可恶，但不问青红皂白就打骂或送官也未必妥当。于令仪的可敬之处在于了解了邻居的偷盗动机后，如数资助。这种宽容，这种豁达，这种大爱，不能不令人刮目相看。更感人者，他能顾及细微，替对方着想，这种德性、德行，可敬中又有了几分可爱。难怪于令仪能发家致富，这与其德泽乡里应该不无关系。

善人訾汝道

　　元代时，德州齐河（在今山东省）人訾汝道，父亲
去世后，在家守丧，完全遵从礼节的要求，不敢有半点
疏忽，一时传为美谈。

　　母亲高氏治家严厉，訾汝道非常恭敬地顺从母亲的
安排，没有丝毫的违背。母亲曾经生病，訾汝道白天黑
夜都守在母亲身边，用心侍奉。

　　一天，母亲把房间其他人都支开，拿出自己珍藏
的金银细软交给訾汝道，认真地说："孩子，你长久以
来最孝顺，没有一点私心，自己没有一点积蓄。我一旦
不在人世了，这些宝物也落不到你的手里。我太了解你
了，你不会和兄弟们去争。趁我现在还能主事，你赶快
拿走，好好藏起来，不要让其他兄弟知道。"訾汝道一

听，跪在地上，哭着对母亲说："母亲，你和我父亲非常艰难、非常辛苦地创立了这份家业，现在衣食不愁，田地、牛羊很多，作为儿子，我常常恨自己无法报答你们的大恩大德。今天如果偷偷地接受了您的赠予，不是加重了我的不孝的罪名吗？我怎么担当得起呢？"他坚决谢绝了母亲的好意。

不久，母亲去世，訾汝道哀伤悲痛万分，身形消瘦。三年守丧期间，他不吃肉，不喝酒。

訾汝道非常爱护弟弟。二弟要求分家，訾汝道把肥沃的田地、好房子全部让给弟弟。二弟后来不幸早早地离开人世，訾汝道将侄子当自己的孩子一样抚养。

訾汝道施恩乡里

訾汝道平日乐善好施，以善行闻名乡里。

同乡刘显等人贫困无法维生，訾汝道便分给他们一些田地，让他们收地租维持生活，直到他们终老才把田地收回去。有一年瘟疫流行，当时人们传说吃一种能

使人发汗的瓜，病就好了。訾汝道买了很多瓜，带上粮食，不顾被传染的危险，一户户亲自送去，救治了很多人。他曾经在春天把麦子、高粱借给穷人，等到丰收年景再收回，不收利息；如果遇到歉收之年，借债人无粮偿还，訾汝道就把借券焚烧了，不要他们归还。他对家人说："积累粮食本来就是为了防备饥荒，所以如果遇到灾荒年景，一定要帮助贫穷的乡亲。"

◇**孔明点评**◇

訾汝道之德有三：孝顺、不贪婪、有怜悯心。他固然是孝子，但他母亲也非糊涂之辈，怕他吃亏，所以暗里赠予财物。他却没有见钱眼开，拒绝还拒绝得言之有理，这就是君子风范了。分家让着弟弟，又能替弟弟抚养孩子，其古道热肠，真是古来不多！德种于心田，恩惠于乡里。善哉，訾汝道！

路遥知马力,日久见人心

南宋末年陈元靓的《事林广记》中记载:路遥和马力是好朋友。路遥的父亲是富商,马力的父亲是路遥家的仆人。虽然路遥与马力是主仆关系,但他们的关系很好,一起读书,一起玩耍。

到了该谈婚论嫁的年龄了,路遥有钱有势,不愁娶妻。而马力贫困,谁肯嫁他?

有一天,有媒人给马力提亲,马力大喜,但是对方却要昂贵的彩礼。马力只好请路遥帮助,路遥非常诡秘地说:"借钱可以,但是结婚入洞房,还有前三天的洞房花烛夜,我来代替你,可以否?"

马力怒火冲头,但是又没有办法,总不能光棍一辈子,只好答应。于是选择好日子结婚。

马力熬过痛苦的前三天，第四天该他入洞房了，心里懊恼呀！

天一黑，马力就一头栽倒在床上，拉被蒙头睡觉。新娘子就问："夫君，为何前三夜都是通宵读书，今天却蒙头大睡？"

马力这才知道，路遥跟他开了个大玩笑，真是又喜又恼。

后来，马力发誓要好好读书，考取功名。不久还真的考上了，并在京城做了大官。

而路遥性情豪放，侠肝义胆，不善打理家产，过了几年便坐吃山空。看到自己一家实在无法度日，他想起老朋友马力，于是，就和妻子商量，想进京找马力帮助。

马力见到路遥很是高兴，热情款待。路遥说明来意，马力却说："喝酒！喝酒！"根本没有要帮助他的意思，路遥很恼火。

过了几天，马力说："路兄，你回家吧，免得嫂夫人牵挂！"

路遥不好开口询问，只得沮丧地回家。到家后还没进家门，就听见家里哭成一片。他急忙进去，看到妻儿守着一口棺材痛哭。一见路遥进来，家人又惊又喜。原来是马力派人送来棺材说："路遥到京城后，生了重病，医治无效而死。"

路遥更加恼怒，砸烂棺材，谁知，里面竟然全是金银财物，还有一张字条，上面写道："你让我妻守空房，我让你妻哭断肠。"

◇孔明点评◇

每次重温这个故事，我就忍俊不禁，哈哈大笑。善心美意，还能这样表达！常闻人心不古。古人就该是路遥、马力，有赤子心，助友为乐，却不忘戏谑，给平淡的人生加上了可资回味的调料、养料。生活本该如此，人与人之间既友爱赤诚，又幽默风趣，多好！

杨翥卖驴

明朝礼部尚书杨翥，居住在京城，平日骑驴上朝或外出。他对驴子很关爱，每天上朝回家，都亲自为驴子喂料并经常照看。

杨翥的邻居是一位老头，快六十岁的时候生了个儿子。老来得子，老头自然非常高兴，但这个孩子一听到杨翥的驴子叫就哭个不停，搞得全家人都不得安宁。可杨翥是朝廷大官，这家人也不敢向杨翥说这个事。眼看那孩子一听到驴子叫就哭，食量也明显减少，老头最后还是把这件事和杨翥说了。

杨翥听后二话没说，随即就把自己的驴子卖了，从此外出或上朝都靠步行。

◇孔明点评◇

即使在今天，杨翥卖驴的故事仍然让人感动不已。得势而扎势，这样的人不少见；有势而不恃势，这样的人不多见。

陈世恩体恤浪荡弟

　　明朝时候，有个进士叫陈世恩。他有兄弟三人，大哥是个举人，小弟是无业游民。

　　小弟最喜欢游荡，天天很早出去，很晚回来。大哥屡次规劝，他都不肯改过，而且几次跟大哥顶撞，大哥一生气，也不理小弟了。

　　陈世恩一看，苦恼不已，心里想："小弟这个样子，大哥天天劝说，小弟又不听劝告，这样下去，兄弟间的友爱损伤了，家庭不和睦，怎么办呢？"

　　于是，陈世恩想了个办法。每天晚上，他亲自守着大门，一定要等到小弟回来了，才亲手下了锁，关好门。然后，耐心地问小弟身上冷不冷，热不热；肚里饿不饿，饱不饱，担忧、体恤小弟的神气，完全在说话和神态上表现出来。

　　这样过了十几个夜晚，小弟终于悔悟，再也不敢很晚回家了。

　　◇**孔明点评**◇

　　这个故事发人深思。十个指头有长短，何况人呢？遇到一个游手好闲的浪荡弟弟，怎么办呢？怀柔、体恤比责骂、抛弃显然更有感召力。兄弟之间拉一把，一个人就可能被警醒、被挽救；撒手或者放弃，则会把失足者推向深渊。家庭、学校、社会，都应该学习陈世恩。

李廷机三鞭圈相府

《明史》记载：明朝的李廷机，是我国历史上少有的清官贤相。

据说，李廷机做宰相后，皇帝钦赐在家乡建造一座相府。诏书上说：让李廷机骑马加鞭三次，马能跑多远，他的相府就有多大。

这消息传到乡里，就像一颗大炸弹炸下来。老百姓人人自危，担心自己的田地被李廷机的马蹄踏着。

一天，听说李廷机要在乡里大树下圈地，众人不约而同，纷纷来到树下，一个个提心吊胆，等候结果。

没多久，只见相府家丁牵着一匹白马慢慢走来，然后把马拴在树干上。"嗒嗒嗒"的马蹄声，一声一声踏在每个人的心头。

又过了一会儿，李廷机手持一根细细长长的马鞭走来，跨上马背。一个家丁赶忙上前，正要解开拴马的绳子，李廷机却挥手阻止了他。

乡民面面相觑，心下疑惑不解。

只见李廷机轻轻地扬起马鞭，往马背上抽了三下。那拴着的白马嘶叫了几声，腾跃没几步，就被马绳拖住，跑不开去。

众人你看我，我看你，不知这是什么意思。

只见李廷机从容地从马背上跳了下来，走向乡民，郑重地宣布："遵照皇上旨意，已经策马三鞭，马所到的地方，就是相府建造的范围了。"

乡民们这才恍然大悟，心头上的大石块顿时落了下来。

原来，李廷机接了圣旨之后，就寝食不安。他想：如果遵旨建造相府，必然要占用大片民田，损坏无数庄稼，侵害百姓利益，影响百姓生活，从而招致民怨，动摇国本，将来必然要累及子孙后代。想起自己年少时家中贫苦，与穷苦乡亲和睦相处，后来做了官，却未曾为

家乡父老做过一件好事，如今怎能为了建造相府，使家乡百姓遭受损害？但是，圣旨已下，不容忤逆，如果不遵旨而行，就有欺君之罪！这真是左右为难，不知如何是好。他为此事日夜苦思焦虑，总是思量不出一个两全之策。一天，他心绪不宁地踱到村口，低头沉思。忽然，榕树下传来几声马叫，打乱了他的思绪。他抬起头来，对着那拴在树干上的马凝神沉思，好像得到了什么启示，不禁微微露出笑容，频频点头，转身返回家中，他吩咐备马圈地。

相府落成后，朝廷派遣专使前来宣慰。使臣一到李廷机家乡，看到新建的相府竟是一座上下院落二进、一厅两房的普通民宅，觉得很奇怪。

后来问知底细，使臣深为感动，回朝如实奏报。

皇帝素知李廷机的为人，听了奏报，更加感动，既嘉奖他的操守清廉，又钦佩他用心良苦，从此更加倚重他。

此事朝野上下传为佳话，民间更是世代相传。

◇**孔明点评**◇

有德行而得道之人，知道该怎样做人做事才合乎法度情理。李廷机三鞭圈相府，就是绝妙的一例。自古道：官大一级压死人，何况宰相之与乡民呢？古往今来，恃势而与民争利的事多了去了。李廷机如此三鞭圈地，岂清廉二字能解释？既要保全皇恩浩荡的礼仪、体面，又要保持自己廉洁奉公的荣誉、德行，更不能借机侵害老百姓的利益，着实需要机智机敏才能不失万全。李廷机，真宰相也！

严相公不强拆民房

  冯梦龙所编《智囊》中记载：海虞严相公，名讷，准备在城中建造一座大的宅第。丈量地基等事已经完成，唯独有一家钉子户民房插在规划的地基范围内。那家人卖甜酒和豆腐，房子是祖辈传下来的。

  管工地的人以优厚的条件请他们搬迁出去，那家人坚决不同意。管工地的人愤愤地告诉了严相公。相公说："没关系，先营建另三面嘛。"

  工程开始后，相公命令工地每日所需的甜酒和豆腐，一律从这家购进，并先付给他们钱。

  这家夫妇本钱不多，人手又少，因此供不应求。

  严相公又招募人，帮助他们酿酒做豆腐。

  不久，随着工程的进展，工人越来越多，小店获利也就更多。店里的粮食原料已堆满屋中，酿酒缸等一类的盛器都增加数倍，小屋子实在容纳不下了。加上他们感激严相公的恩德，又自愧当初抗拒不搬的行为，于是表示愿意让出房来。

严相公用近处宽敞一些的房子来调换，这家人非常喜悦，没过几日就搬了过去。

◇孔明点评◇

人世间沧海桑田，没有不拆迁的道理。但为何拆迁，怎样拆迁，如何补偿，都是牵扯到双方利益的大关节，所以最考验人的大智慧。严相公其人深谙此道，不强取，更不豪夺，而是出手施恩，以恩点化、软化、潜移默化，使"钉子户"心怀感恩，心生愧疚，心悦诚服。其实天下理都如出一辙：与人方便，则自己方便；与人为善，则善报自身。